Nadelkissen
zum Verlieben

Nadelkissen
zum Verlieben

**35 bezaubernde Projekte
zum Selbernähen**

Kate Haxell

Für Viv, meine
Nähfreundin

Übersetzung und Lektorat: Helene Weinold
Produktmanagement: Anna Bender
Umschlaggestaltung: Petra Theilfarth

© der deutschen Ausgabe 2012
frechverlag GmbH, 70499 Stuttgart

Titel der Originalausgabe:
Super-cute pincushions

Copyright © 2012 by CICO Books
An imprint of Ryland Peters & Small Ltd
20-21 Jockey's Fields, London WC1R 4BW
519 Broadway, 5th Floor, New York, NY 10012

1. Auflage 2012

ISBN 978-3-7724-6784-4
Best.-Nr. 6784
Printed in China

Inhalt

VORWORT 6

8 NADELKISSEN-TIERE
Kleiner Marienkäfer 10

Mein Dinosaurier 12

Glubschaugen-Eule 15

Patchwork-Schildkröte 18

Langohr-Hasen 21

Moni Maus 24

Näh-Igel 27

30 IRGENDWIE KOMISCH
Stacheliger Kaktus 32

Matrioschka-Puppen 34

Recycling-Nadelkissen 37

Knuffiges Alien 40

Bestickter Totenkopf 42

Perlenverziertes Glas 44

46 RETRO-STYLE
Ein Herz fürs Nähen 48

Flauschige Teetasse 50

Crazy Patchwork 52

Weihnachtsbaum 54

Nadelkissen-Stapel 56

Bargello-Schmetterling 59

Jojo-Nadelkissen 62

Mustertuch-Kissen 65

68 EINFACH PRAKTISCH
Vorratsglas mit Nadelkissen 70

Schneider-Uhr 72

Nadelbuch 75

Fabelhafter Fingerring 78

Nadelkissen mit Taschen 81

Für Ihre Nähmaschine 84

Magnetpäckchen 86

88 EINFACH ZUM ANBEISSEN
Donut-Nadelkissen 90

Patchwork-Kürbis 92

Fliegenpilz 95

Tortenstück 98

Kleine Erdbeere 102

Die perfekte Birne 105

Erbsenschote 108

Techniken 110

Vorlagen 117

Bezugsquellen 126

Register 127

Dank der Autorin 128

Vorwort

Ich habe schon als kleines Kind nähen gelernt. Mein erstes Nadelkissen war damals eine Halbkugel aus rotem Stoff, um die herum sich kleine Chinesen, in allen Farben des Regenbogens gekleidet, im Kreis an der Hand hielten. Ich habe es geliebt und jedem der kleinen Männchen einen Namen gegeben, den ich in krakeliger Schrift auf die Unterseite des Kissens schrieb. Aus irgendeinem Grund, der mir damals völlig logisch erschien, heute aber komplett entfallen ist, begannen all ihre Namen mit J: John, Joseph, Jim, James, Jake, Julian ...

Wie viele Näherinnen habe ich ein Faible für schönes Handwerkszeug – aber es muss ebenso praktisch verwendbar wie hübsch sein. Ich arbeitete in verschiedenen Nähtechniken und hatte am Ende eine ganze Sammlung unterschiedlicher Nadelkissen, von denen sich jedes für einen bestimmten Zweck eignete. Meine beiden Nähmaschinen – und meine Stickmaschine – tragen wattierte „Gürtel" (siehe Seite 84), die immer verfügbar sind, wenn man eine Stecknadel aus dem Stoff zieht, ohne die Augen von der Näharbeit zu wenden. Zum Handnähen habe ich ein magnetisches Nadelkissen (siehe Seite 86), das eine großartige Hilfe beim Auffinden der Nadel darstellt, die mir immer irgendwann herunterfällt: Ich schwinge das Nadelkissen wie einen Zauberstab, und wie durch ein Wunder erscheint meine Nadel wieder. Einmal pro Woche nehme ich Unterricht an der Royal School of Needlework im Hampton Court Palace – und mein Nadelbuch (siehe Seite 75) kommt mit. Ich habe sogar zwei Nadelbücher (eine Mini-Bibliothek sozusagen): eins für Steck- und eins für Nähnadeln. Beim Ab-

stecken von Kleidungsstücken für Änderungen trage ich ein Nadelkissen am Handgelenk (siehe Seite 72), und eine Erbsenschote (siehe Seite 108) wohnt mit ein paar anderen Näh-Utensilien, die Übernachtungsgäste brauchen könnten, im Gästezimmer. Für meine langen Stecknadeln für Strickarbeiten habe ich ein Cupcake-Glas (siehe Seite 70), denn ich gehöre zu den wenigen Menschen, die ihre Strickarbeit fast genauso gern zusammennähen, wie sie stricken. Nadeln mit stumpfer Spitze hausen im Inneren des Glases. Ich habe darüber hinaus noch einige andere Nadelkissen, aber allmählich höre ich mich vermutlich ein bisschen verrückt an ...

Tatsache ist ganz einfach, dass ein Nadelkissen ebenso wie jedes andere Teil des Handwerkszeugs gebrauchstüchtig sein sollte: Sie sollten nicht mit etwas nähen müssen, das nicht zu Ihnen passt. Und auch die Füllung ist wichtig. Ein mit Karborund oder Sand gefülltes Nadelkissen hält die Nadeln spitz und glänzend (vor allem, wenn Sie nicht sehr oft nähen). Sie finden bei jedem Projekt eine Empfehlung für das beste Füllmaterial.

Dass mir die Arbeit an diesem Buch einen Riesenspaß gemacht hat, brauche ich nicht erst zu erwähnen: Sie war das perfekte Ventil für meine Nadelkissen-Leidenschaft. Ich hoffe, dass eines dieser 35 niedlichen und zugleich praktischen Projekte das perfekte Nadelkissen für Sie darstellt.

Kate Haxell

Nadelkissen-Tiere

✳ **Kleiner Marienkäfer** ✳ **Mein Dinosaurier**

✳ **Glubschaugen-Eule** ✳ **Patchwork-Schildkröte**

✳ **Langohr-Hasen** ✳ **Moni Maus**

✳ **Näh-Igel**

Kleiner **Marienkäfer**

Dieser Marienkäfer in fröhlich leuchtendem Rot ist genau das Richtige für Kinder: Sie können schon beim Anfertigen mithelfen und haben dann ihr eigenes Nadelkissen. Früh übt sich, was ein Nähmeister werden will!

Das brauchen Sie

Vorlagen „Marienkäfer" (Seite 117)

Schere, Nähnadel, Perlnadel und Stecknadeln

Woll-Polyacryl-Filz in Rot, 2 Rechtecke, 10 cm x 5 cm, und 1 Rechteck, 9 cm x 7 cm

Filzreste in Schwarz

Textilkleber

Nähgarn, farblich zum Filz passend

2 winzige Perlmuttknöpfe

2 flache, schwarze Perlen

Karton, 9 cm x 7 cm

Kapok zum Füllen

Stricknadel, stumpf, oder dünnes Essstäbchen

 1 Mithilfe der Vorlagen (Seite 117) 2x die Körperhälfte und 1x den Boden aus rotem Filz sowie 2x die Kopfhälfte aus schwarzem Filz zuschneiden. Aus schwarzem Filz außerdem beliebig viele Tupfen ausschneiden. Mit kleinen Tupfern Textilklebstoff die Kopfhälften auf die Körperhälften kleben (siehe gestrichelte Linie in der Vorlage). Beachten Sie, dass die Ober- und Unterkanten der Kopfteile die Kontur der Körperhälften knapp überragen sollen (siehe Abbildung rechts). Die Punkte mit Textilkleber-Tupfen aufkleben. Denken Sie daran, dass Marienkäfer symmetrisch gemustert sind.

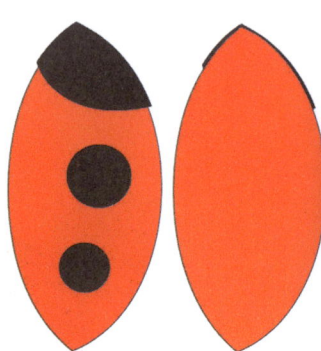

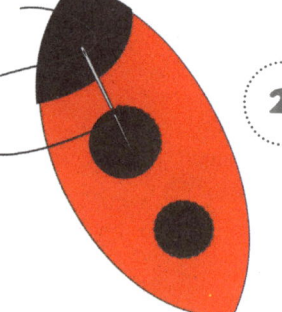

2 Jeden Punkt und die Kante des Kopfes, die in Richtung Flügel weist, mit schwarzem Garn und Schlingstichen umnähen.

 3 Mit einer Perlnadel und schwarzem Nähgarn auf jedes Kopfteil 1 Knopf nähen, dann 1 Perle auf die Mitte jedes Knopfes nähen. Knöpfe und Perlen so platzieren, dass sie Augen ergeben.

Farbwahl Mein Marienkäfer ist der Klassiker: rot mit schwarzen Punkten. Die Käfer können aber auch schwarz mit roten Punkten oder Orange mit schwarzen oder weißen Punkten sein. Und natürlich können Sie Ihren persönlichen Marienkäfer violett mit grünen Punkten arbeiten, wenn das Ihre Lieblingsfarben sind.

 4 Die beiden oberen Körperhälften links auf links zusammenlegen und von der Nasenspitze bis zum Hinterkopf mit schwarzem Garn und Schlingstichen zusammennähen. Dann mit rotem Garn und Schlingstichen beide Teile entlang der Rückenmitte weiter zusammennähen.

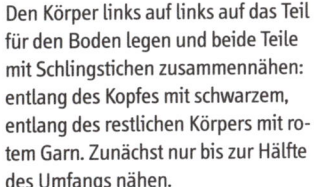

Füllmaterial

Dieses Nadelkissen wird mit Kapok gefüllt. Sie können aber auch Füllwatte oder ungesponnene Wolle verwenden, wenn Ihnen das lieber ist (siehe Seite 115).

5 Den Körper links auf links auf das Teil für den Boden legen und beide Teile mit Schlingstichen zusammennähen: entlang des Kopfes mit schwarzem, entlang des restlichen Körpers mit rotem Garn. Zunächst nur bis zur Hälfte des Umfangs nähen.

6 1x den Boden aus Karton zuschneiden, entlang der Kanten etwas verkleinern und in den Käfer schieben. Die Naht ein Stück weiter schließen. Den Käfer ziemlich fest mit Kapok ausstopfen und den Rest der Naht zwischen Körper und Boden schließen.

Kleiner Marienkäfer

Mein **Dinosaurier**

Ich habe mein ganz persönliches Urtier aus den Teilen verschiedener Dinosaurier zusammengesetzt, die mir am besten gefallen: höckeriger Kopf, beeindruckende Rückenzacken, spitze Zähne und große Krallen. Aber dieser Saurier ist in Wahrheit ausgesprochen liebenswert ...

Das brauchen Sie

Vorlagen „Mein Dinosaurier" (Seite 117)

Schere, Nähnadel, Sticknadel mit Spitze, Stecknadeln

Woll-Polyacryl-Filz in hellem Grün, 2 Rechtecke, 16 cm x 10 cm, und 1 Rechteck, 8 cm x 6 cm

Woll-Polyacryl-Filz in dunklerem Grün, 2 Quadrate, 6 cm x 6 cm

Filzreste in Wollweiß und Blau

Textilmarker, selbstlöschend

Nähgarn, farblich passend zum dunkelgrünen, wollweißen und blauen Filz

2 schwarze Delica- oder Rocailleperlen

Baumwollsticktwist in Dunkelbraun

Maschinenstickgarn, Woll-Polyacryl-Mischung, grün meliert

Kapok zum Füllen

Stricknadel, stumpf, oder dünnes Essstäbchen

Karton, 8 cm x 6 cm

 1 Mithilfe der Vorlagen (Seite 117) die Kontur des Körpers 2x auf hellgrünen Filz übertragen und ausschneiden. Die Vorlage für den Rückenkamm entlang der gepunkteten Linie ausschneiden und danach 2x den Rückenkamm aus dem dunkelgrünen Filz zuschneiden. Aus dem restlichen dunkelgrünen Filz 1x den Boden zuschneiden. Die unteren Teile für die Augen, die Zähne und die Krallen aus wollweißem, die Iris der Augen aus blauem Filz zuschneiden.

2 Mit Nähnadel, wollweißem Garn und strahlenförmigen Spannstichen die blauen Iris-Teile auf die wollweißen Augenteile nähen (siehe Foto). In die Mitte jeder Iris eine schwarze Delica- oder Rocailleperle nähen. Augen, Zähne und Krallen mit winzigen Spannstichen auf die beiden Körperhälften nähen.

3 Mit der Sticknadel und zwei Fäden des braunen Baumwollsticktwists das Maul mit Linien aus Kettenstichen (siehe Seite 112) und die Nasenlöcher mit Margeritenstichen (siehe Seite 113) aufsticken.

4 Die beiden Teile für den Rücken-kamm entlang der geraden Kante mit überwendlichen Stichen (siehe Seite 111) zusammennähen.

5 Eine Seite des Rückenkammteils links auf links an die linke Körperhälfte stecken. Einen langen Faden des melierten Garns in eine feine Sticknadel mit Spitze einfädeln. Am Hinterkopf beginnend, den Rückenkamm mit Schlingstichen (siehe Seite 111) an den Körper nähen. Am Ende des Rückenkamms angelangt, die andere Seite des Rückenkamms links auf links an die rechte Körperhälfte stecken. Beide Körperhälften mit einem einzelnen Schlingstich verbinden und anschließend den Rückenkamm mit Schlingstichen an die rechte Körperhälfte nähen.

6 Wieder am Kopf angekommen, weiter Schlingstiche arbeiten, um die beiden Körperhälften rund um Kopf und Kinn zusammenzunähen. Den Faden noch nicht abschneiden und vernähen. Kopf und Rückenzacken fest mit Kapok ausstopfen, dabei das Füllmaterial mit einer stumpfen Stricknadel oder einem Essstäbchen bis in die Ecken schieben. Dann weiter Schlingstiche bis zur Unterkante des Körpers arbeiten.

7 Vom hinteren Ende des Rückenkamms aus beide Körperhälften mit Schlingstichen rund um den Schwanz verbinden und dabei den Saurier nach und nach ausstopfen.

8 Den Filzboden an die Unterseite des Saurierkörpers anlegen und mit Schlingstichen bis zur Hälfte des Umfangs annähen. Den Saurier weiter mit Kapok ausstopfen. Ein Bodenteil aus Karton zuschneiden und rundum den Rand um 3 mm zurückschneiden. Den Kartonboden direkt auf den Filzboden in den Saurier schieben und den Filzboden mit Schlingstichen rundum fertig annähen.

Füllmaterial

Dieses Nadelkissen ist sehr fest mit Kapok ausgestopft (siehe Seite 115).

Glubschaugen-Eule

Diese kesse und praktische Eule bringt eine persönliche Note in Ihre Näh-Ecke, und ihr mit Sand gefüllter Körper hält Ihre Stecknadeln glänzend und spitz.

 Mithilfe der Vorlagen (Seite 118) 2x den Kopf und 1x das Flügelteil aus hellorangefarbenem Filz zuschneiden. Das verbleibende Rechteck aus hellorangefarbenem Filz zur Hälfte zusammenlegen und beide Hälften mit dem beidseitig haftenden Bügelvlies verbinden. Aus diesem versteiften Filz das Bodenteil zuschneiden. 2 große Augenteile aus grünem Filz, 2 kleinere Augenteile aus blauem Filz und 1 Schnabel aus orangefarbenem Filz zuschneiden. 2x den Körper aus Baumwollstoff zuschneiden.

 Die beiden Stoffteile für den Körper rechts auf rechts aufeinanderlegen und mit einem kleinen Geradstich der Nähmaschine und 1 cm Nahtzugabe entlang der gerundeten Seitenkanten zusammennähen. Die Nahtzugaben einschneiden (siehe Seite 116) und bügeln, dann den Schlauch auf rechts wenden. An der Unterkante einen schmalen Saum einschlagen und die Saumkante mit den Fingern festdrücken.

 Die rückwärtige Mitte des Flügelteils ca. 1 cm oberhalb der Unterkante an die rückwärtige Mittellinie des Körpers anlegen. Das Flügelteil um den Körper herumlegen und aufstecken oder heften. Stickwolle in eine spitze Nadel einfädeln und die Flügel rundherum mit Schlingstichen (siehe Seite 111) aufnähen. Die Stiche bewusst unterschiedlich lang arbeiten und um die Rundungen herum fächerförmig platzieren.

 Die beiden Filzteile für den Kopf zusammenstecken. Einen langen Faden Stickwolle in eine Sticknadel mit Spitze einfädeln und an einer Seite beginnend Schlingstiche an einem „Ohr" entlang nach oben arbeiten. Die Stiche dicht nebeneinander, aber unterschiedlich lang arbeiten. Am oberen Ende des „Ohrs" aufhören zu nähen, aber den Faden noch nicht abschneiden.

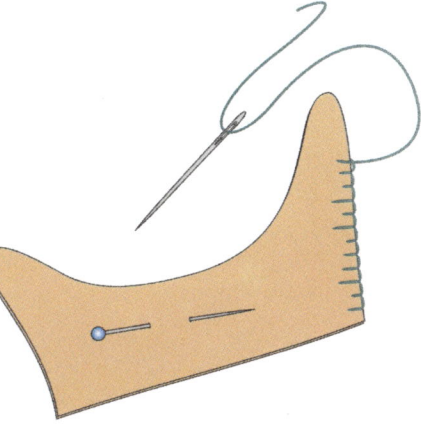

Das brauchen Sie

Vorlagen „Glubschaugen-Eule" (Seite 118)

Schere, Nähnadel, Sticknadel mit Spitze, Stecknadeln

Woll-Polyacryl-Filz in Hellorange, 2 Rechtecke, 8 cm x 5 cm, 1 Rechteck, 10 cm x 4,5 cm, und 1 Quadrat, 5 cm x 5 cm

Bügelvlies, beidseitig haftend, 5 cm x 5 cm

Reste von Woll-Polyacryl-Filz in Grün, Hellblau und Orange

Baumwollstoff bunt bedruckt, 2 Rechtecke, 10 cm x 8 cm

2 weiße Knöpfe, Ø ca. 1 cm

Textilmarker, selbstlöschend

Stickwolle, farblich zum Stoff passend

Nähmaschine

Nähgarn, farblich passend

Kapok zum Füllen

Feiner Sand

Stricknadel, stumpf, oder dünnes Essstäbchen

Textilkleber

Zackenlitze, sehr schmal, 15 cm

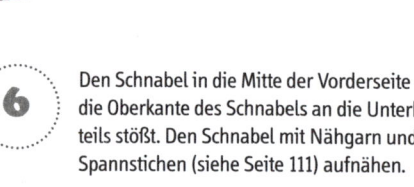

5 Die Schlingstichnaht des Kopfteils an eine Seitennaht des Körpers anlegen und die Vorderseite des Kopfes an die Vorderseite des Körpers, die Rückseite des Kopfes an die Rückseite des Körpers stecken; dabei soll der Filz den Stoff um 5 mm überlappen. An der offenen Kante des Kopfteils beginnend, den Kopf mit Stickwolle und Schlingstichen an den Körper nähen, dabei wie zuvor die Schlingstiche unterschiedlich lang arbeiten.

6 Den Schnabel in die Mitte der Vorderseite stecken, sodass die Oberkante des Schnabels an die Unterkante des Kopfteils stößt. Den Schnabel mit Nähgarn und winzigen Spannstichen (siehe Seite 111) aufnähen.

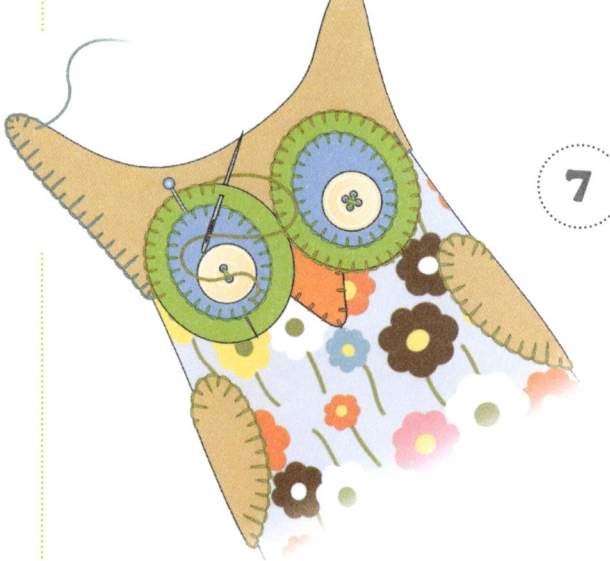

7 Jeweils 1 kleineres, blaues Augenteil auf ein größeres, grünes legen und mit Stickwolle und kleinen, gleichmäßigen Schlingstichen aufnähen. Auf das kleinere, blaue Oval einen weißen Knopf nähen (siehe Grafik und Fotos). Die Augen so auf dem Vorderteil der Eule aufstecken, dass sie mittig über dem Schnabel aneinanderstoßen. Die Augen mit Stickwolle und kleinen, gleichmäßigen Schlingstichen aufnähen.

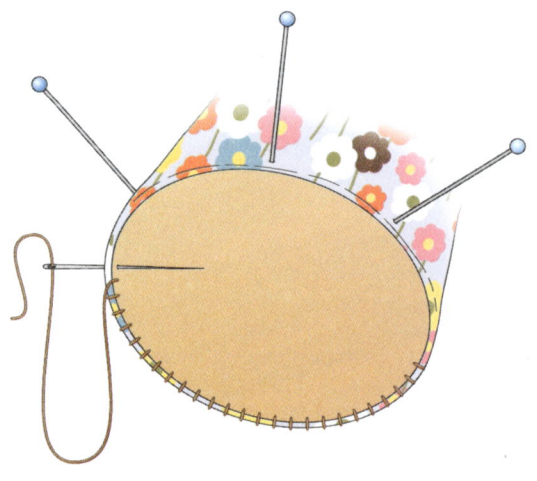

8 Den Boden in die Unterseite des Eulenkörpers einpassen und feststecken, dazu die Stecknadeln durch den Stoff in den versteiften Filz einstechen. Den Boden mit farblich passendem Nähgarn und Spannstichen annähen.

Füllmaterial

Dieses Nadelkissen ist mit Kapok und Sand gefüllt. Kapok
formt die Eule schön aus, während der Sand das nötige
Gewicht liefert und die Stecknadeln spitz hält
(siehe Seite 115).

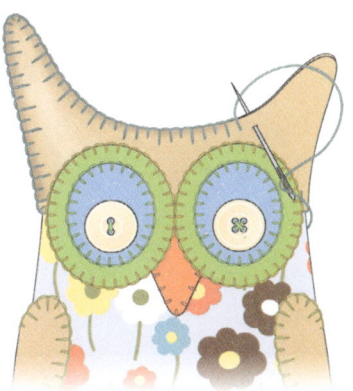

 Eine Lage Kapok auf den Boden der Eule legen (siehe
Seite 115). Dann bis zu etwa drei Vierteln des Körpers
Sand einfüllen, darüber die Eule mit Kapok ausstopfen.
Die Kopfteile weiter mit Schlingstichen zusammennähen
und dabei den Kopf nach und nach ausstopfen; das Füllmaterial mit einer stumpfen Stricknadel oder einem Essstäbchen bis in die Spitzen der „Ohren" drücken.

10 Die Zackenlitze mit kleinen Tupfern Textilkleber
rund um die Unterkante der Eule kleben; die Enden
an einer Seitennaht einschlagen, um sie zu versäubern, und mit einigen winzigen Stichen und farblich passendem Nähgarn fixieren.

Patchwork-**Schildkröte**

Ein klassisches, leicht zu nähendes Sechseck-Patchwork bildet den Panzer dieser farbenfrohen Schildkröte. Ich habe die Sechsecke aus unterschiedlichen Teilen ein und desselben Baumwollstoffs zugeschnitten, sodass die Farben schön harmonieren.

Das brauchen Sie

Vorlagen „Patchwork-Schildkröte" (Seite 119)

Dünnes Papier

Schere, Nähnadel, Sticknadel mit Spitze, Stecknadeln

Woll-Polyacryl-Filz in einer beliebigen Farbe, 2 Rechtecke, 6 cm x 4 cm, und 5 Rechtecke, 4 cm x 2 cm

Filzreste in Wollweiß

Textilmarker, selbstlöschend

Baumwollsticktwist in 3 Farben

Nähgarn, farblich passend zu Stoffen, Filz, Perlen und Zackenlitze

2 Rocailleperlen

Kapok zum Füllen

Stricknadel, stumpf, oder dünnes Essstäbchen

Stoff für den Panzer, 7 Quadrate, 4 cm x 4 cm

Bügeleisen

Velourslederimitat oder Filz, 1 Quadrat, 8 cm x 8 cm

Permanentmarker

Zackenlitze, sehr schmal, 25 cm

1 Mithilfe der Vorlagen (Seite 119) 7 Sechsecke aus dünnem Papier ausschneiden. (Normales Druckerpapier eignet sich gut.) Aus farbigem Filz 2x den Kopf, 2x die Vorderbeine, 2x die Hinterbeine und 1x den Schwanz zuschneiden. Aus wollweißem Filz zwei winzige Kreise für die Augen zuschneiden.

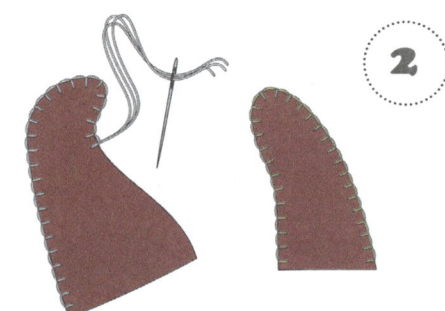

2 Mit drei Fäden Sticktwist in einer feinen Sticknadel mit Spitze kleine Schlingstiche (siehe Seite 111) rund um Beine und Schwanz arbeiten, dabei die geraden Kanten frei lassen. Eine Garnfarbe für die Vorderbeine, eine zweite für die Hinterbeine und die dritte für den Schwanz verwenden. Denken Sie daran, vor dem Umsticken jeweils ein Beinteil umzudrehen, damit Sie am Ende ein linkes und ein rechtes Bein haben.

3 Mit wollweißem Nähgarn und Spannstichen (siehe Seite 111) auf jedes Kopfteil einen wollweißen Filzkreis als Auge aufnähen. (Achtung! Vor dem Aufnähen der Augen ein Kopfteil umdrehen, damit eine rechte und eine linke Kopfhälfte entstehen). In die Mitte jedes Auges mit farblich passendem Garn eine Rocailleperle als Iris flach wie ein „O" nähen.

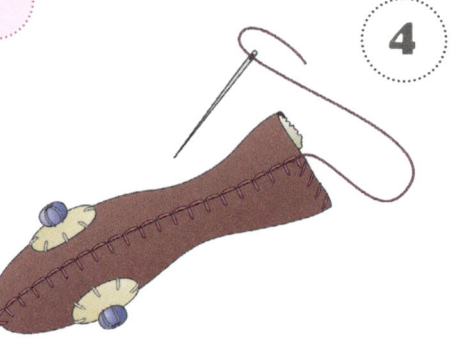

4 Die beiden Kopfteile links auf links zusammenstecken. Mit 3 Fäden Sticktwist in der Farbe, die für den Schwanz verwendet wurde, kleine Schlingstiche rund um den Kopf arbeiten, dabei die gerade Kante am Hals offen lassen. Den Kopf so fest wie möglich mit Kapok ausstopfen und das Füllmaterial mit einer stumpfen Sticknadel oder einem Essstäbchen bis in die Schnauze drücken (siehe Seite 115). Den Hals verhältnismäßig leicht ausstopfen und das Ende mit den Fingern flachdrücken, sodass die beiden Nähte aufeinandertreffen. Die gerade Kante des Halses mit überwendlichen Stichen schließen (siehe Seite 111).

5 Auf die linke Seite jedes Stoffquadrats ein Papiersechseck stecken. Den Stoff auf ca. 5 mm rund um das Papiersechseck zurückschneiden, sodass ein größeres Stoffsechseck entsteht. Nähgarn in eine dünne Nähnadel einfädeln. Den Stoff rund um das Papiersechseck einschlagen und heften.

Nähte Die Nahtzugaben müssen nicht rundum auf den Millimeter genau gleich sein, aber achten Sie darauf, sie nicht viel breiter oder schmaler zu arbeiten.

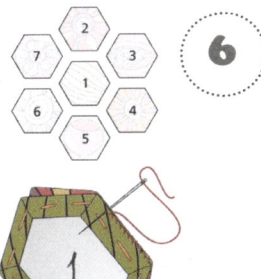

6 6 Stoffsechsecke um 1 Sechseck in der Mitte anordnen (siehe Grafik; Sie können die Nummern auf die Papierrückseite schreiben, wenn Sie möchten). Farblich passendes Nähgarn in die Nähnadel einfädeln. Die Sechsecke Nr. 1 und Nr. 2 rechts auf rechts aufeinanderlegen und entlang einer Kante mit winzigen überwendlichen Stichen zusammennähen.

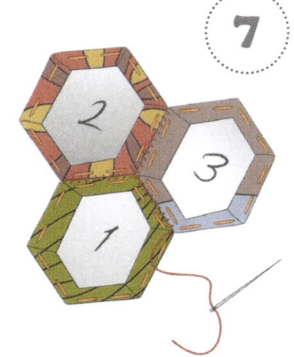

7 Die Sechsecke Nr. 3 und Nr. 2 rechts auf rechts aufeinanderlegen und entlang der nächsten Kante zusammennähen, dann die Sechsecke Nr. 1 und 3 entlang der angrenzenden Kante zusammennähen. Auf diese Weise auch die Sechsecke Nr. 4, 5, 6 und 7 annähen, sodass an jeder Kante des zentralen Sechsecks Nr. 1 ein anderes Sechseck hängt und alle äußeren Sechsecke verbunden sind.

8 Das Patchwork bügeln, dann auf die linke Seite des Velourslederimitats legen und mit dem Permanentmarker umfahren. Achtung! Nicht das Patchwork mit dem Marker berühren. Das Velourslederimitat für die Bauchseite der Schildkröte entlang der Markerkontur ausschneiden. Die Heftstiche der Patchwork-Sechsecke auftrennen und die Papierstücke entfernen.

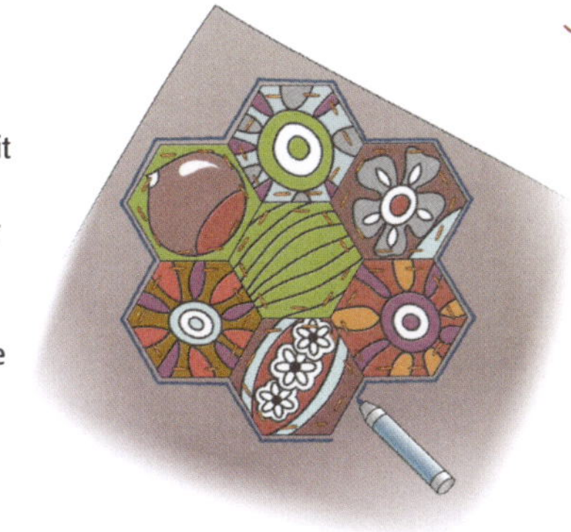

 9

Das Patchwork links auf links auf das Teil für die Bauchseite stecken und bei Sechseck Nr. 2 beginnen, beide Lagen mit farblich passendem Nähgarn entlang der Außenkante zusammenzunähen. Ein Vorderbein in das „V" zwischen den Sechsecken Nr. 2 und Nr. 7 schieben und so feststecken, dass die gerade Kante zwischen Rücken- und Bauchteil liegt. Schlingstiche bis zum Bein arbeiten, dann Spannstiche über das Bein arbeiten und damit Rücken- und Bauchteil zusammennähen und das Bein dazwischen fixieren. Ein Hinterbein in das „V" zwischen den Sechsecken Nr. 7 und Nr. 6 schieben, Schlingstiche bis zum Bein arbeiten, dann über das Bein hinweg Spannstiche durch alle 3 Lagen hindurch arbeiten. Auf diese Weise weiterarbeiten und dabei den Schwanz, das zweite Hinterbein und das zweite Vorderbein bei den nächsten 3 „Vs" einfügen. Das letzte „V" offen lassen. Den Faden abschneiden und vernähen.

10

Das Ende der Zackenlitze beim letzten offenen „V" unter das Patchwork stecken und die Zackenlitze mit Saumstichen (siehe Seite 111) rund um die Außenkante des Patchwork-Panzers nähen. Achten Sie dabei darauf, nicht in die Lederimitat-Seite zu stechen. Wieder am Ausgangspunkt angekommen, die überstehende Zackenlitze bis auf 5 mm zurückschneiden, das Ende so unter das Patchwork stecken, dass Anfang und Ende verbunden werden, und den Übergang so sauber wie möglich fixieren.

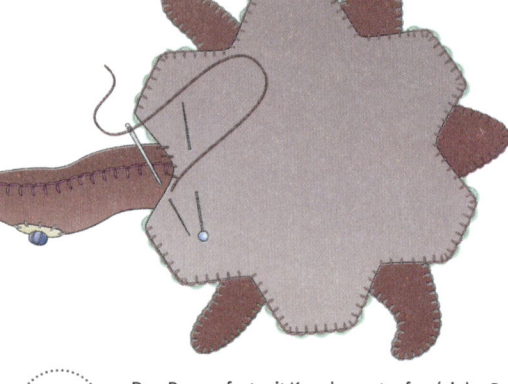

 11

Den Panzer fest mit Kapok ausstopfen (siehe Seite 115). Das gerade Ende des Halses in den Panzer schieben und auf dem Lederimitat feststecken. Das Bauchteil mit farblich passendem Nähgarn und Saumstichen an der Unterseite des Halses annähen. Gegebenenfalls weiteres Füllmaterial oberhalb des Halses in den Panzer stopfen, dann die Oberseite des Panzers an die Oberseite des Halses nähen und dabei unter der Zackenlitze in die Kante des Patchworks einstechen.

> *Füllmaterial*
>
> Dieses Nadelkissen ist prall mit Kapok ausgestopft, damit es fest, aber leicht ist. Wenn Sie möchten, können Sie als Füllmaterial auch Wollvlies oder Füllwatte verwenden (siehe Seite 115).

Langohr-Hasen

Mit ihren quirlig wirbelnden Augen und den überdimensionalen Ohren sehen diese Hasen leicht verrückt aus – aber ihr sandgefüllter Körper eignet sich perfekt, um Stecknadeln hineinzupieksen.

1 Mithilfe der Vorlagen (Seite 119) und des selbstlöschenden Textilmarkers den Körper je 1x auf den Inlettstoff und auf das größte Stück des bedruckten Baumwollstoffs übertragen. Jedes Ohr 2x auf die kleineren Stoffrechtecke übertragen. Die Teile ausschneiden. Dabei die Körperhälfte aus Inlettstoff erst nach dem Besticken ausschneiden, da sie sonst nicht mehr in den Stickrahmen eingespannt werden kann. Sie können die Ohren auch freihändig aufzeichnen, um sie noch größer zu machen.

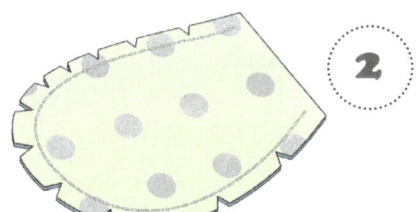

2 Die Ohrteile rechts auf rechts aufeinanderlegen. Die Nähmaschine auf einen kleinen Geradstich einstellen und von der Unterkante rund um die Rundung des Ohrs nähen. Die Nahtzugaben zurückschneiden und kleine Dreiecke einschneiden (siehe Seite 116). Die Ohren auf rechts wenden und bügeln.

3 Rückstich-Spinnen (siehe Seite 114) als Augen auf die Körperhälfte aus Inlettstoff aufsticken. Ich habe schon Baumwollsticktwist, Perlgarn und Wollgarne für die Augen verwendet und mit allen gute Ergebnisse erzielt. Baumwollstickwist versticken Sie am besten dreifädig. Sie können das Auge mit Kettenstichen konturieren (siehe Seite 112) und einen winzigen Knötchenstich als Nase aufsticken, wenn Ihr Hase unbedingt eine möchte. Den Körper ausschneiden.

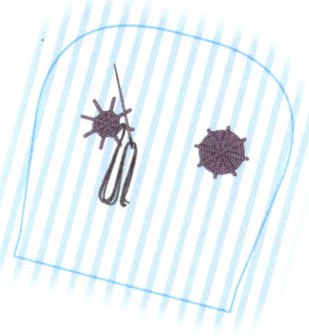

4 Die Ohren rechts auf rechts auf das Körperteil aus Inlettstoff aufstecken, sodass die offenen Kanten mit der Stoffkante des Körpers übereinstimmen und der übrige Teil der Ohren mehr als 1 cm von den Stoffkanten des Körpers entfernt ist. Stecknadeln mit der Spitze zur offenen Kante der Ohren einstechen – so lassen sie sich später leichter herausziehen.

Das brauchen Sie

Vorlagen „Langohr-Hase"
(Seite 119)

Schere, Nähnadel, Sticknadel mit Spitze, Stecknadeln

Textilmarker, selbstlöschend

Baumwoll-Inlettstoff, 11 cm x 10,5 cm

Baumwollstoff, bedruckt, 11 cm x 10,5 cm

Baumwollstoff, bedruckt, 2 Rechtecke, 6 cm x 8 cm, und 2 Rechtecke, 6 cm x 7 cm

Nähmaschine

Nähgarn, farblich zu den Stoffen passend

Baumwollsticktwist

Filz in Wollweiß, 2 Rechtecke 9 cm x 5 cm

Bügelvlies, beidseitig haftend, 1 Rechteck, 9 cm x 5 cm

Bügeleisen

Feiner Sand

2 Knöpfe

Fester Faden

Aufgestickte Augen Arbeiten Sie die Augen auf gleicher oder unterschiedlicher Höhe, gleich oder unterschiedlich groß – jeder Hase hat seine ganz eigene Persönlichkeit und die kommt durch die Augen am stärksten zum Ausdruck. Sie können zum Sticken der Augen den Stoff in einen Stickrahmen einspannen: Das verhindert auch, dass er Falten wirft.

5 Die Körperhälfte aus bedrucktem Baumwollstoff mit der rechten Seite auf die bestickte Vorderseite mit den Ohren legen, sodass alle Kanten übereinstimmen. Die Teile entlang der Rundung mit 1 cm Nahtzugabe zusammennähen. Die Unterkante bleibt offen. Die Nahtzugaben entlang der Rundung einschneiden (siehe Seite 116) und den Körper bügeln.

6 Den Hasen auf rechts wenden. Die Rundungen mithilfe des oberen Endes einer Stricknadel oder mit einem Essstäbchen vorsichtig ausarbeiten und mit den Fingern in eine möglichst glatte Form drücken. Die Unterkante 1 cm breit nach innen umschlagen und bügeln.

7 Beide Filzteile mit Bügelvlies verbinden, sodass ein doppelt so dickes Filzteil entsteht. Achtung! Beide Teile müssen fest miteinander verklebt sein. Den Boden des Nadelkissens mithilfe der entsprechenden Vorlage aus dem Filz zuschneiden.

8 Das Bodenteil in die untere Öffnung des Hasen einpassen und dabei die Stecknadeln durch den Stoff in die Kante des Filzes einstechen, um den Boden zu fixieren. Achten Sie darauf, dass die Spitzen der Stecknadeln im Filz stecken, damit Sie sich beim Nähen nicht daran stechen oder hängenbleiben. Den Boden mit wollweißem Nähgarn und kleinen Spannstichen (siehe Seite 111) einnähen, dabei ziemlich tief in den Filz einstechen und nah an der Falzkante des Stoffkörpers ausstechen. Rundherum nähen, bis nur noch eine Öffnung zum Einfüllen des Sandes bleibt. Den Hasen mit feinem Sand füllen und die Naht schließen.

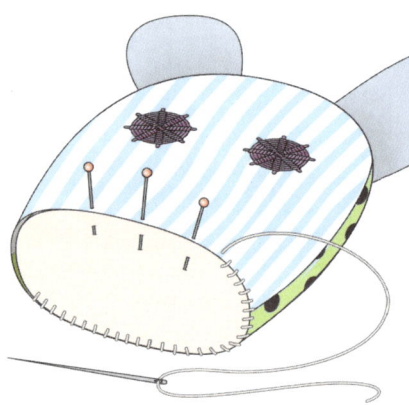

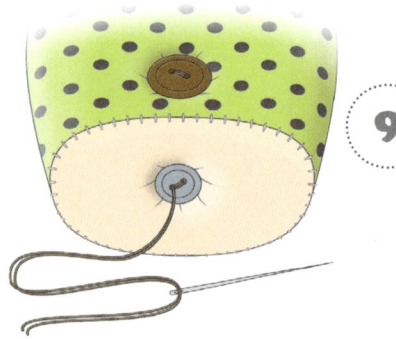

9 Das Hasenschwänzchen ist ein Knopf, der dem sandgefüllten Körper zusätzliche Stabilität verleiht. Je einen Knopf am Filzboden und in der unteren Mitte des Rückenteils – an der richtigen Position für den Schwanz – platzieren. Mit spitzer Nadel und einem festen, doppelten Faden zunächst am Filzboden dort einstechen, wo später der Knopf sitzen soll, und durch ein Loch im Schwanzknopf ausstechen. Durch das andere Loch des Schwanzknopfes ein- und durch den Boden ausstechen. Den anderen Knopf auffädeln. Durch beide Knöpfe einige Male hin- und herstechen und stets den Faden so fest wie möglich anziehen, dabei den sandgefüllten Körper mit den Händen ausformen. Den Faden mit einem Knoten sichern, um den Knopf am Boden wickeln und in den Hasenkörper ziehen.

Füllmaterial

Dieses Nadelkissen ist mit feinem Sand gefüllt, damit Ihre Stecknadeln spitz und glänzend bleiben. Sie können stattdessen aber auch Karborundsand verwenden (siehe Seite 115).

10 Mit dem Stickgarn, mit dem die Augen gearbeitet wurden, eine Reihe Kettenstiche um die Unterkante des Hasen sticken.

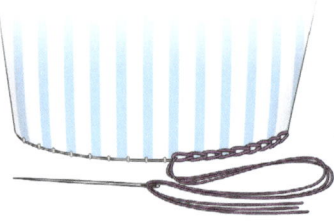

Moni **Maus**

Riesige Ohren, eine lange Schnauze und ein noch längerer Schwanz lassen diese Maus besonders niedlich aussehen. Die Ohren sind nicht nur hübsch sondern auch nützlich: Stecken Sie Ihre Nadeln in den Filz, um sie stets zur Hand zu haben.

Das brauchen Sie

Vorlagen „Moni Maus" (Seite 119)

Schere, Nähnadel, Sticknadel mit Spitze, Stecknadeln

Feincord, 2 Rechtecke, 15 cm x 9 cm, und 2 Rechtecke, 5 cm x 6 cm

Filz in Pink, 2 Rechtecke, 5 cm x 6 cm, und 1 Kreis, Ø 3 cm

Rest Filz in Wollweiß

Feincord, 3 cm breit, in der gewünschten Schwanzlänge, oder eine dicke Kordel in der gewünschten Schwanzlänge

Baumwollnessel, 2 Quadrate, 6 cm x 6 cm

Nähgarn, farblich passend zum wollweißen Filz, zu den Pailletten und zum Stoff

2 Pailletten

2 schwarze Delicaperlen

Textilmarker, selbstlöschend

Baumwollsticktwist, farblich passend zum pinkfarbenen Filz

Bügeleisen

Nähmaschine

Feiner Sand

Kapok zum Füllen

Schere, Nähnadel, Sticknadel mit Spitze, Stecknadeln

1 Mithilfe der Vorlagen (Seite 119) den Körper und die Ohren je 2x auf Feincord übertragen und ausschneiden.

2 2 winzige Kreise aus wollweißem Filz ausschneiden. Die Kreise mit einer Nähnadel, farblich passendem Nähgarn und kleinen Spannstichen (siehe Seite 111) als Augen auf den oberen Teil der Körperhälften nähen. In der Mitte des Auges ausstechen, 1 Paillette und 1 Delicaperle aufnehmen (gegebenenfalls zu einer Perlnadel wechseln), dann die Perle übergehen und die Nadel durch die Paillette und das Auge zurückstechen. Den Faden auf der Rückseite des Feincords vernähen und beim anderen Körperteil genauso verfahren. Dabei darauf achten, dass die Augen auf beiden Hälften auf gleicher Höhe sitzen.

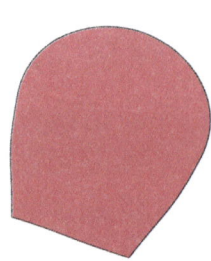

3 Die Kanten der Stoffohren möglichst schmal zur linken Seite umfalten und mit den Fingern anpressen. Die Ohren auf den pinkfarbenen Filz legen und mit dem selbstlöschenden Textilmarker umfahren. Die Filzohren ausschneiden.

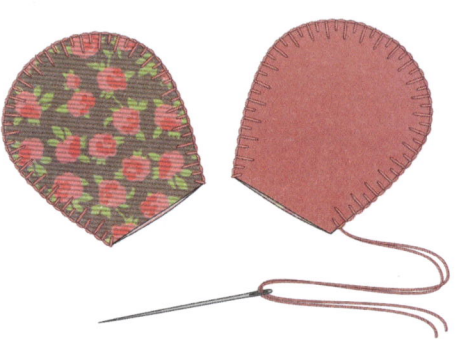

4 Je ein Filzohr rechts auf rechts auf ein Stoffohr stecken. Mit der spitzen Sticknadel und 2 Fäden Sticktwist Schlingstiche (siehe Seite 111) um den gerundeten Teil des Ohrs arbeiten und die gerade Kante offen lassen. Die Stiche unterschiedlich lang und an den Rundungen fächerförmig arbeiten.

Füllmaterial

Dieses Nadelkissen ist mit Kapok fest ausgestopft (siehe Seite 115). Ein Beutel mit Sand im Boden verleiht ihm Gewicht und Standfestigkeit.

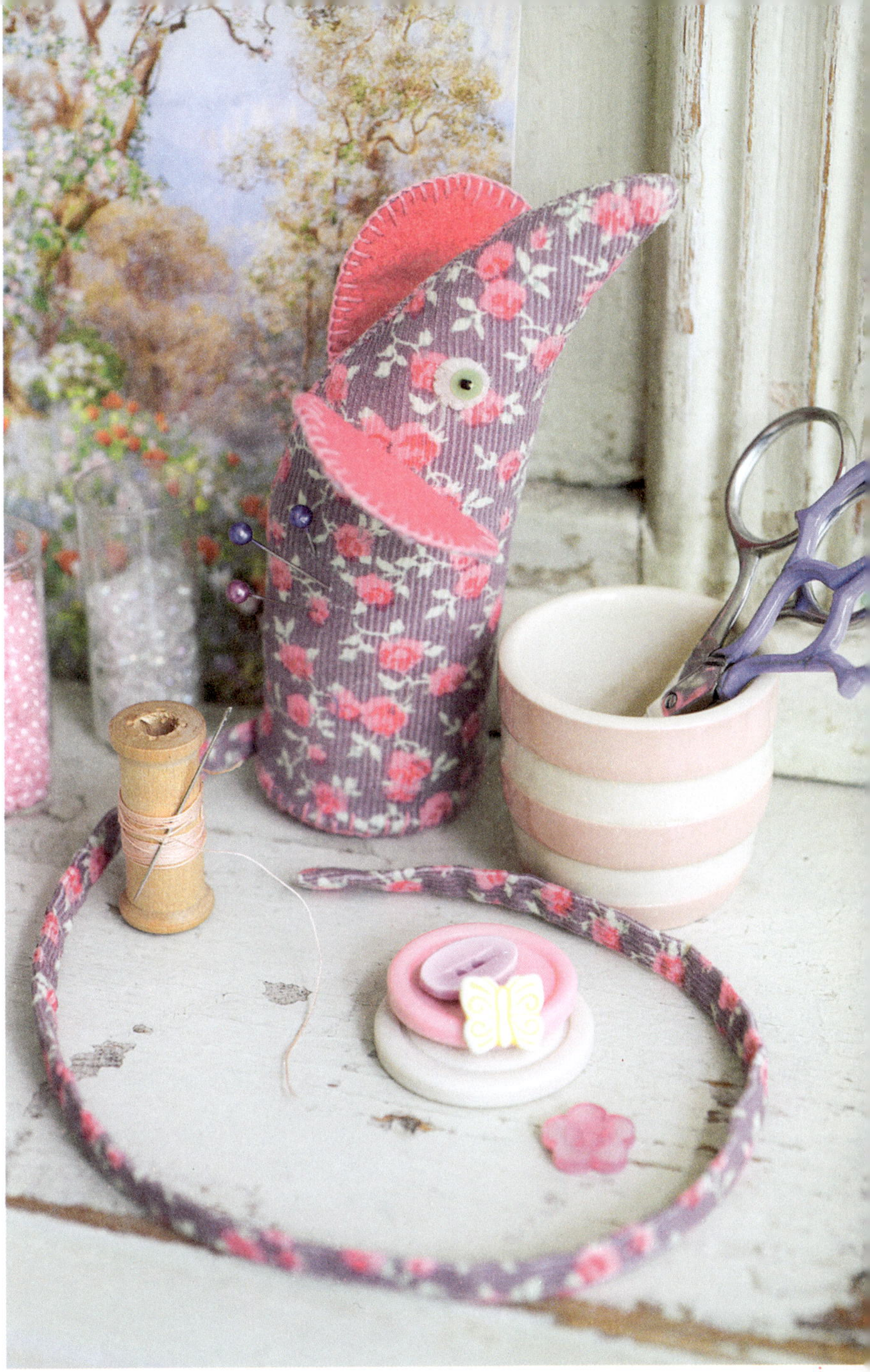

5 Für den Schwanz aus dem langen Stoffstreifen einen Schlauch arbeiten (siehe Seite 116). Wenn Sie das abschreckt, können Sie alternativ eine farblich passende Kordel als Schwanz verwenden. An einem Ende des Schlauchs die Stoffkanten nach innen einschlagen und mit einigen Handstichen sichern bzw. das Kordelende verknoten.

6 An den geraden Unterkanten beider Körperhälften einen 1 cm breiten Saum einschlagen, bügeln und wieder öffnen. Die Körperhälften rechts auf rechts zusammenstecken.

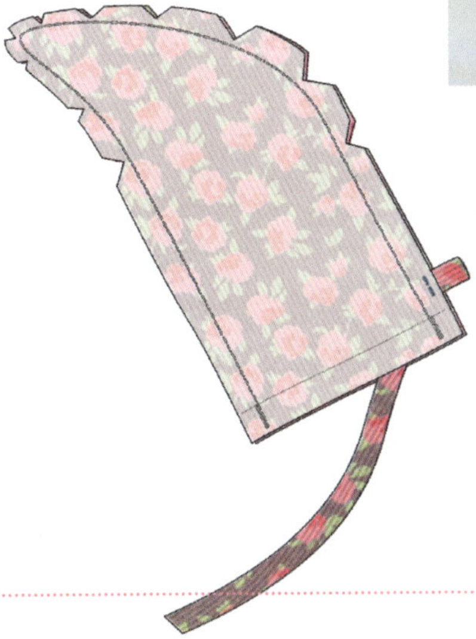

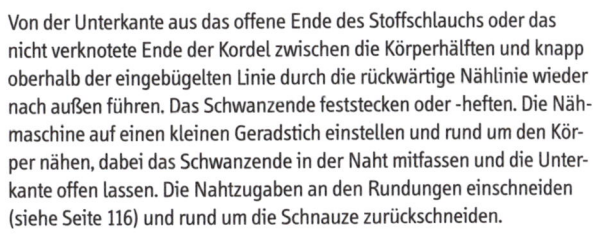

7 Von der Unterkante aus das offene Ende des Stoffschlauchs oder das nicht verknotete Ende der Kordel zwischen die Körperhälften und knapp oberhalb der eingebügelten Linie durch die rückwärtige Nählinie wieder nach außen führen. Das Schwanzende feststecken oder -heften. Die Nähmaschine auf einen kleinen Geradstich einstellen und rund um den Körper nähen, dabei das Schwanzende in der Naht mitfassen und die Unterkante offen lassen. Die Nahtzugaben an den Rundungen einschneiden (siehe Seite 116) und rund um die Schnauze zurückschneiden.

8 Die Naht bügeln und die Maus auf rechts wenden. Den Saum entlang der eingebügelten Linie nach innen einschlagen.

9 Die Ohren aufstecken (siehe Grafik) und mit zweifädigem Sticktwist in Pink sowie einer spitzen Sticknadel mit Schlingstichen entlang der geraden Kante an den Körper nähen.

10 Die beiden Nesselquadrate aufeinanderstecken und mit 1 cm Nahtzugabe an 3 Seiten zusammennähen. Den so entstandenen Beutel auf rechts wenden und mit Sand füllen. Die offene Kante mit überwendlichen Stichen schließen.

Ohren annähen Wenn Sie ein Stück Papier in die Maus schieben, bevor Sie die Ohren annähen, stechen Sie beim Nähen nicht versehentlich durch beide Körperhälften zugleich.

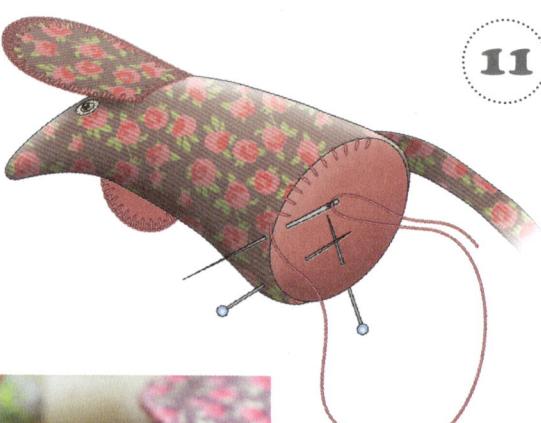

11 Die Maus bis 5 cm oberhalb der Unterkante mit Kapok fest ausstopfen, dabei das Füllmaterial mit einer Stricknadel oder einem Essstäbchen bis in die Nasenspitze schieben. Den Sandbeutel einlegen und rundum mit Kapok umhüllen, damit der Körper weich bleibt. Den Filzkreis für den Boden in die untere Öffnung einpassen und feststecken, dabei die Stecknadelspitzen im Filz versenken. Den Boden mit farblich passendem Nähgarn und Spannstichen einnähen.

12 Die Unterkante der Maus mit der spitzen Sticknadel, zweifädigem Sticktwist und Schlingstichen umstechen. Die Stiche sollten ziemlich lang, aber unterschiedlich in der Länge sein.

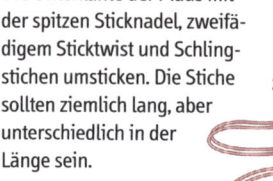

Näh-**Igel**

Ein Igel ohne Stacheln ist nur eine halbe Sache. Stecken Sie deshalb reichlich Nadeln in dieses kleine Haustier – und machen Sie es damit sehr glücklich!

 1 Mithilfe der Vorlagen (Seite 120) 2x den Körper, 1x den Boden und 2x die Ohren aus dunkelbraunem Filz sowie 2x den Körper und 1x den Boden aus schwarzem Bügelvlies zuschneiden. Die Bügelvlies-Teile beiseitelegen. 2 winzige Kreise aus wollweißem Filz für die Augen ausschneiden.

2 Mit einer dünnen Nadel, wollweißem Nähgarn und winzigen Spannstichen (siehe Seite 111) auf jede Körperhälfte ein Auge nähen. Achtung! Drehen Sie ein Körperteil um, bevor Sie das Auge aufnähen, damit eine linke und eine rechte Körperhälfte entstehen. Auf jeden wollweißen Kreis eine schwarze Perle nähen: Fertig sind die Augen.

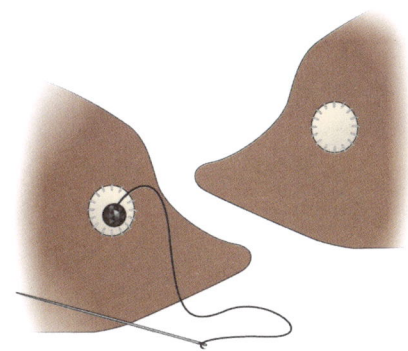

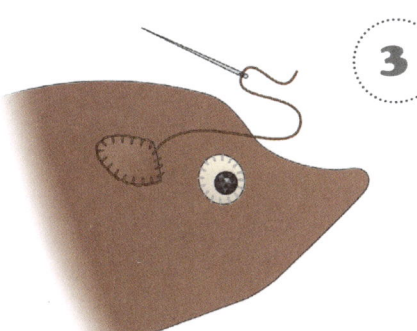

3 Mit dunkelbraunem Nähgarn an einer Ecke beginnend, Schlingstiche (siehe Seite 111) um die Rundung jedes Ohrs arbeiten; den Faden am Ende nicht abschneiden. An jede Körperhälfte hinter das Auge ein Ohr stecken und mit Spannstichen entlang der geraden Kante annähen.

Das brauchen Sie

Vorlagen „Näh-Igel" (Seite 120)

Woll-Polyacryl-Filz in Dunkelbraun, 2 Rechtecke, 10 cm x 5 cm, 1 Rechteck, 6 cm x 3,5 cm

Dünne Bügeleinlage in Schwarz, 2 Rechtecke, 10 cm x 5 cm, 1 Rechteck, 6 cm x 3,5 cm

Rest Filz in Wollweiß

Schere, Nähnadel, Sticknadel mit Spitze, Stecknadeln

Textilmarker, selbstlöschend

Nähgarn in Schwarz und Dunkelbraun

2 schwarze Facettenperlen

Baumwollsticktwist in Schwarz und 3 Brauntönen

Bügelleisten

Kunstfaserfüllwatte

Stricknadel, stumpf, oder dünnes Essstäbchen

Karborundsand

Füllmaterial

Dieses Nadelkissen ist mit Karborund gefüllt, um Ihre Stecknadeln spitz zu halten (siehe Seite 115). Durch sein Gewicht sitzt der Igel fest auf Ihrem Arbeitstisch – stets zur Hand, wenn Sie ihn brauchen. Für Schnäuzchen und Kopf benötigen Sie außerdem etwas Füllwatte.

4 Mit einer dünnen, spitzen Stick-nadel und dreifädigem Stick-twist in allen 3 Brauntönen Spannstiche auf die beiden Kör-perhälften sticken. Auf Höhe der Ohren beginnen und Stich-längen und -farben beim Sti-cken in Richtung Hinterteil be-liebig abwechseln.

5 Auf jedes Filz-Körperteil und auf das Bodenteil das entsprechende Teil aus Bügelvlies aufbügeln. Die Körperhälften vom markierten Punkt unter dem Kinn (siehe Vorlage) bis zum oberen Ende der Stirn mit dunkelbraunem Nähgarn und kleinen Schlingsti-chen zusammennähen. Die Naht hier vorläufig be-enden, aber den Faden noch nicht abschneiden.

6 Mit dreifädigem Sticktwist in Schwarz Plattstiche (siehe Seite 114) für die Nase über die Schnauzenspitze sticken; den Faden auf der Innenseite des Filzes vernä-hen. Die beiden Körperhälften weiter bis zum markierten Punkt am Hinterteil mit Schlingstichen zusammennähen.

7 Den Boden in die Öffnung zwischen Kinn und Hinterteil einpassen und mit Schlingstichen vom Hinterteil rund um das Kinn und bis zur Mitte der anderen Seitenkante einnähen.

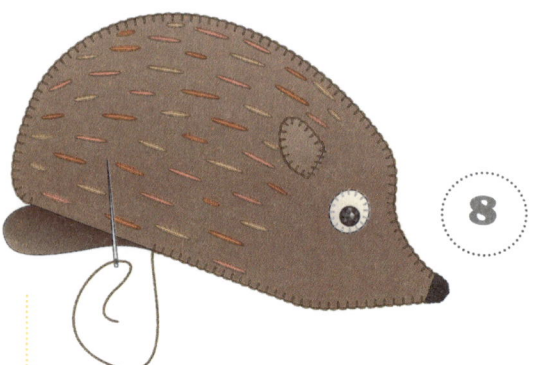

8 Schnäuzchen und Kopf mit Füllwatte ausstopfen, dabei das Füllmate-rial mit einer Stricknadel oder einem Essstäbchen bis in die Nasen-spitze schieben (siehe Seite 115). Den Körper so voll wie möglich mit Karborundsand füllen. Mithilfe der Stricknadel oder des Essstäbchens zusätzlich etwas Kunstfaser-Füllwatte in die Öffnung stopfen, bis der Körper straff ausgefüllt ist. Dann die Schlingstichnaht vollständig schließen.

Irgendwie komisch

Stacheliger Kaktus ✳ Matrioschka-Puppen

✳ Recycling-Nadelkissen

✳ Knuffiges Alien ✳ Bestickter Totenkopf

✳ Perlenverziertes Glas

Stacheliger **Kaktus**

Welches Objekt würde sich wohl besser als Nadelkissen eignen als ein Kaktus, der mit Stecknadel-Stacheln erst so richtig wirkt! Dieser hier ist auch noch kinderleicht anzufertigen. Sie können Ihren Kaktus ganz einfach einem größeren Topf anpassen, indem Sie die Vorlage entsprechend vergrößern.

Das brauchen Sie

Vorlage „Stacheliger Kaktus" (Seite 120)

Schere, Nähnadel, Sticknadel mit Spitze, Stecknadeln

Woll-Polyacryl-Filz in Grün, 2 Rechtecke, 15 cm x 10 cm

Filzreste in Rot

Filz in Braun, 30 cm x 3 cm

Nähgarn in Rot

Rote Rocailleperlen

Baumwollsticktwist, farblich passend zum grünen Filz

Kapok zum Füllen

Stricknadel, stumpf, oder dünnes Essstäbchen

Mini-Blumentopf, Ø 4,5 cm an der Oberkante, 4 cm Höhe

Alleskleber

Kartonrest (optional)

1 Mithilfe der Vorlage (Seite 120) 2x die Kaktusform aus grünem Filz zuschneiden. Aus rotem Filz so viele kleine Kreise ausschneiden, wie Sie Blüten auf den Kaktus nähen wollen. Jeder Kreis sollte einen Durchmesser von ca. 5 mm haben. Mit einer dünnen Nadel und rotem Nähgarn einen kleinen Kreis aus winzigen Vorstichen (siehe Seite 110) in der Mitte eines roten Filzkreises arbeiten.

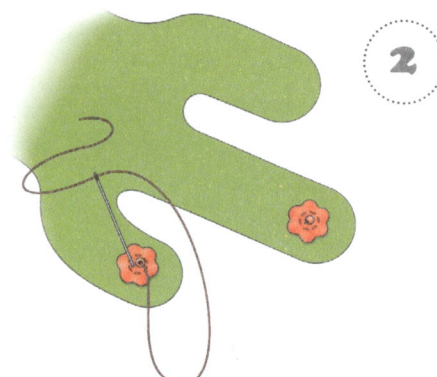

2 Die Stiche zusammenziehen, damit eine kleine Blüte entsteht. Die Blüte mit einigen winzigen Stichen auf eines der grünen Kaktusteile nähen. Dann die Nadel in der Mitte der Blüte ausstechen, eine Rocailleperle aufnehmen und durch die Blüte zurück wieder einstechen. Den Faden auf der Rückseite der Arbeit vernähen. Aus den anderen roten Filzkreisen auf dieselbe Art Blüten arbeiten und aufnähen.

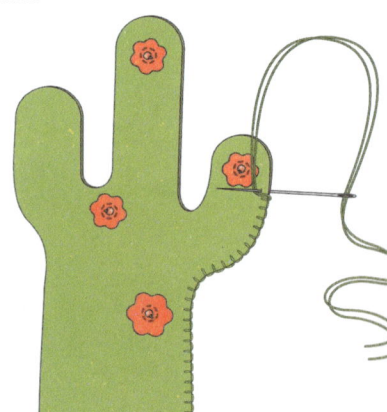

3 Die Kaktusteile links auf links aufeinanderlegen und mit zweifädigem Sticktwist mit Schlingstichen (siehe Seite 111) von der Unterkante an einer Seite entlang nach oben zusammennähen.

4 Weiter rund um die Arme des Kaktus nähen und die Arme dabei nach und nach fest mit Kapok ausstopfen; das Füllmaterial mit Stricknadel oder Essstäbchen bis in die Spitzen drücken. An der anderen Seite des Stammes entlang bis zur Unterkante nähen. Den Faden vernähen und abschneiden. Den Stamm des Kaktus ebenfalls ausstopfen.

Füllmaterial

Dieses Nadelkissen ist sehr fest mit Kapok ausgestopft (siehe Seite 115).

5 Den Kaktus in den Blumentopf stellen und eine Stecknadel an der Stelle in den Stamm stechen, an der er über den Topfrand ragt.

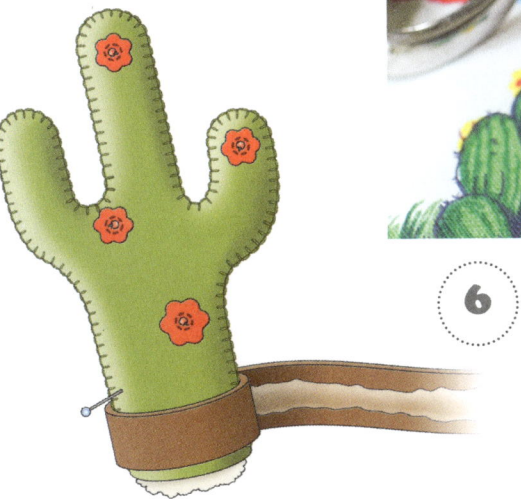

6 Etwas Alleskleber auf dem Filzstreifen verteilen und den Streifen genau unter der Stecknadel um den Stamm wickeln. Den Klebstoff vollständig trocknen lassen, dann die Stecknadel entfernen.

Kaktus einpflanzen
Wie oft Sie den Filzstreifen um den unteren Teil des Kaktus wickeln müssen, hängt von Form und Größe Ihres Blumentopfes ab. Wickeln Sie den Streifen erst einmal um den Stamm und setzen Sie den Kaktus probehalber in den Topf, bevor Sie den Streifen ankleben.

7 Falls Ihr Blumentopf ein Loch im Boden hat, einen Kreis aus Karton darüber kleben. Etwas Alleskleber bis maximal 1 cm unter dem Rand auf den Innenwänden des Blumentopfes verteilen. Den Kaktus so in den Topf drücken, dass die braune Filzwicklung knapp unter dem Topfrand sitzt. Den Alleskleber trocknen lassen.

Matrioschka-**Puppen**

Ich habe für diese kleinen Puppen den gleichen Stoff in drei unterschiedlichen Farbstellungen verwendet, aber Sie können auch alle drei in derselben Farbe nähen und nur die Farben des Stickgarns variieren.

Das brauchen Sie

Vorlagen „Matrioschka-Puppe" (Seite 121)

Schere, Nähnadel, Sticknadel mit Spitze, Stecknadeln

Textilmarker, selbstlöschend

Filz in Wollweiß, 3 Quadrate, 3 cm x 3 cm, und 2 Rechtecke, 14 cm x 4 cm

Baumwollstoff, jeweils 2 Rechtecke, 9 cm x 8 cm, 10 cm x 9 cm und 12 cm x 11 cm

Bügelvlies, doppelseitig haftend, 14 cm x 4 cm

Baumwollsticktwist

Nähmaschine

Nähgarn, farblich zu Filz und Stoffen passend

Bügeleisen

Stricknadel, stumpf, oder dünnes Essstäbchen

Kapok, feiner Sand und Karborundsand zum Füllen

 1 Mithilfe der Vorlagen (Seite 121) die Gesichter auf die wollweißen Filzquadrate und die Körper auf die Baumwollstoffe übertragen (bei der Vorderseite jeder Puppe empfiehlt es sich, sowohl die äußere Kontur als auch die gestrichelte Nählinie auf den Baumwollstoff zu übertragen). Für jede Puppe brauchen Sie ein Gesicht und zwei Körperteile.

 2 Die Details auf die Gesichter übertragen (siehe Seite 110) und mit zweifädigem Sticktwist aufsticken (siehe Kasten auf Seite 35 sowie Seite 110–114). Die Gesichter und die Körperteile sorgfältig ausschneiden.

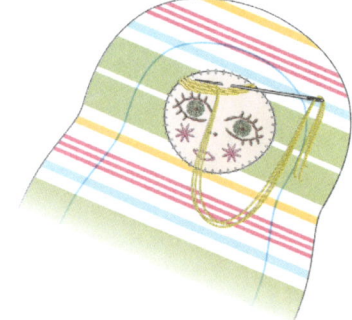

 3 Jedes Gesicht auf ein Stoffteil stecken und mit winzigen Spannstichen (siehe Seite 111) und wollweißem Nähgarn aufsticken. Die Haare mit gelbem Sticktwist – dreifädig bei den beiden größeren Puppen, zweifädig bei der kleinsten Puppe – und dicht nebeneinander gearbeiteten Stielstichlinien (siehe Seite 114) aufsticken.

4 Eine Linie Stielstiche in Gelb um die Außenkante der Frisur sticken. Dann die Enden des Kopftuchs unter dem Kinn und eine Linie rund um das gesamte Gesicht mit Stielstichen und dreifädigem Sticktwist in der gewünschten Farbe arbeiten.

Details aufsticken

So winzige Details zu sticken kann ein bisschen knifflig sein, aber Sie sollten sich nicht verrückt machen, um alles bis ins Letzte perfekt hinzubekommen. Beim Sticken entwickelt jede Puppe ihre eigene Persönlichkeit. Meine größte Puppe schaut ein bisschen frech drein, während die kleinste ziemlich brav aussieht. Die mittelgroße Puppe scheint darüber zu staunen, dass sie so unterschiedliche Schwestern hat. Ich habe folgende Zierstiche verwendet:

Augenkontur: Stielstiche und Schlingstiche in Braun
Iris: konzentrische Kreise aus Kettenstichen in Hellgrün
Pupillen und Nasenlöcher: Knötchenstiche in Braun
Wangen: Spannstich-Sterne in Pink
Mund: Rückstiche in Pink

5 Die beiden Körperhälften für die jeweilige Puppengröße rechts auf rechts aufeinanderlegen. Die Nähmaschine auf einen kleinen Geradstich einstellen und die Teile mit 1 cm Nahtzugabe entlang der gerundeten Kontur des Körpers zusammennähen. Die Rundungen einschneiden (siehe Seite 116) und die Nähte bügeln. Achtung! Die Stickerei nicht bügeln.

6 Die Puppe auf rechts wenden. Die Rundungen mit dem oberen Ende einer Stricknadel oder einem Essstäbchen sorgfältig ausformen und mit den Fingern so sauber wie möglich in Form drücken. Die Unterkante 1 cm breit zur Innenseite umschlagen und bügeln.

Füllmaterial

Diese 3 Nadelkissen sind mit unterschiedlichen Materialien gefüllt, damit das Trio besonders praktisch nutzbar ist: Die größte Puppe ist prall mit Kapok ausgestopft, die mittlere ist mit feinem Sand und die kleinste mit Karborundsand gefüllt (siehe Seite 115).

7 Die beiden verbleibenden Filzteile mit doppelseitig haftendem Bügelvlies verbinden, sodass ein Stück Filz mit doppelter Dicke entsteht. Achtung! Die beiden Teile müssen fest miteinander verklebt sein. Den Boden für die Puppe nach der Vorlage für die entsprechende Größe ausschneiden.

8 Jede Puppe füllen: Die größte fest mit Kapok ausstopfen, die mittlere mit feinem Sand, die kleinste mit Karborundsand. Etwas Kapok in den Boden der mit Sand und Karborund gefüllten Puppen stopfen, damit das Füllmaterial nicht austreten kann (siehe Seite 115).

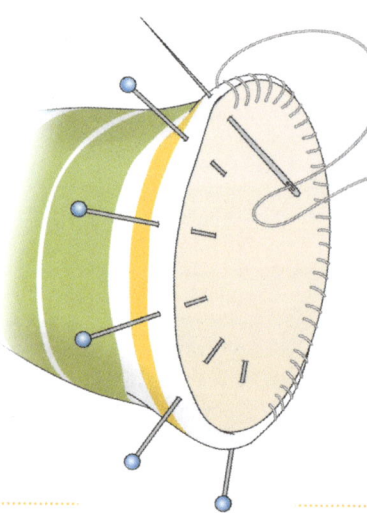

9 In die untere Öffnung jedes Puppenkörpers ein Bodenteil einpassen und dabei die Stecknadeln durch den Stoff in die Kante des Filzes einstechen, um ihn zu fixieren (achten Sie darauf, dass die Stecknadelspitzen im Filz versenkt sind, damit Sie sich beim Einnähen des Bodens nicht daran stechen). Den Boden mit kleinen Spannstichen und wollweißem Nähgarn einnähen, dabei relativ weit in den Filz einstechen und nah an der Faltkante des Stoffkörpers ausstechen.

Recycling – **Nadelkissen**

Dieses niedliche Mini-Nadelkissen aus einem Flaschenverschluss erfordert nur winzige Mengen an Stoff und Garn – ein
perfektes Reste-Projekt also und zugleich eine Methode des
kreativen Recyclings.

1 Den Flaschenverschluss auf das kleine Filzstück
stellen, die Kontur umfahren und den Kreis ausschneiden. Das Teil beiseitelegen.

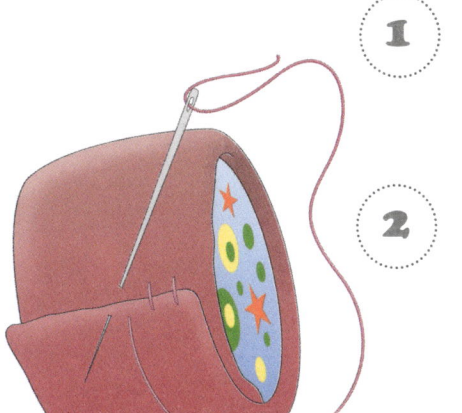

2 Den Filzstreifen so um den Verschluss legen,
dass eine Längsseite mit der Oberkante des Verschlusses übereinstimmt und die Enden überlappen. Das Ende des Streifens mit farblich passendem Nähgarn und Spannstichen annähen. Den
Streifen nicht straff ziehen; er soll nur gut sitzen.

Das brauchen Sie

Verschluss einer
Mineralwasserflasche

Schere, Nähnadel, Sticknadel mit
Spitze, Stecknadeln

Filzrest, etwas größer als die runde
Oberseite des Verschlusses

Filzstreifen (Wollfilz oder gefilzte
Decke), Länge = Umfang des
Verschlusses + 5 mm, Höhe = Höhe
des Verschlusses + 5 mm

Filzquadrat, 7 cm x 7 cm

Stickwolle, fein

Alleskleber

Füllwatte

Textilmarker, selbstlöschend
(optional)

3 Den in Schritt 1 zugeschnittenen Filzkreis
auf der Oberseite des Verschlusses einpassen. Mit dünnem Wollgarn und
Schlingstichen (siehe Seite 111) die Kante
des Kreises an den umlaufenden Streifen
nähen. Den Flaschenverschluss aus der
Filzhülle nehmen und den Faden auf der
Innenseite vernähen. Etwas Alleskleber
auf der Oberseite des Verschlusses verteilen und die Filzhülle wieder darüber
ziehen.

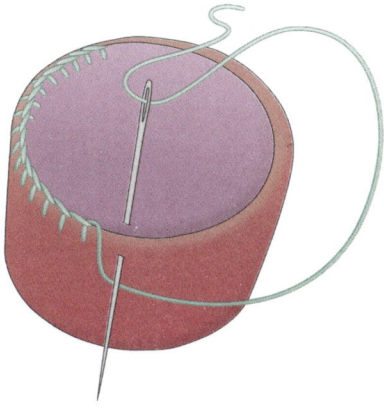

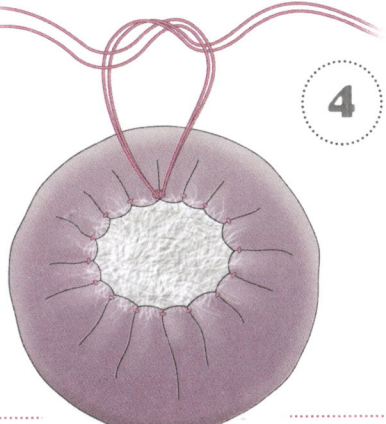

4 Die Ecken des Filzquadrates abschneiden, sodass eine
grobe Kreisform entsteht. Mit doppeltem Nähfaden
kurze Vorstiche rund um die Kreiskanten arbeiten. Die
Fadenenden anziehen, um den Kreis ein wenig zusammenzuziehen. Den Kreis mit Füllwatte füllen und dann
mithilfe der Reihfäden fest zusammenziehen. Falls nötig, noch etwas Füllwatte nachstopfen, damit eine pralle
Filzkugel daraus wird. Die Fadenenden fest verknoten.

Stoff-Alternativen Sie können auch Baumwoll- oder Wollstoffe für den Randstreifen und die ausgestopfte Filzkugel verwenden. Für den Randstreifen schneiden Sie den Stoff etwas breiter als erforderlich zu und bügeln an allen Kanten einen schmalen Saum um, bevor Sie zu nähen beginnen.

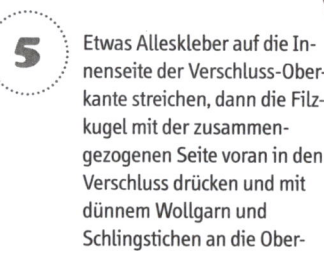

5 Etwas Alleskleber auf die Innenseite der Verschluss-Oberkante streichen, dann die Filzkugel mit der zusammengezogenen Seite voran in den Verschluss drücken und mit dünnem Wollgarn und Schlingstichen an die Oberkante des Filzstreifens nähen.

Beginn der Stickerei Verknoten Sie das Fadenende. Dann stechen Sie zwischen Filzkugel und Randstreifen ein und am gewünschten Beginn der Stickerei wieder aus. Den Faden anziehen, sodass der Knoten verschwindet. Die Nadel gleitet gut zwischen Filz und Flaschenverschluss, sodass die Stickerei schnell und leicht von der Hand geht.

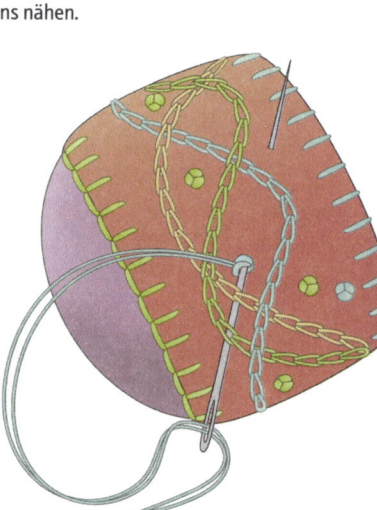

6 Mit dünner Stickwolle ein Muster auf die Seitenkante des Nadelkissens sticken. Sie können das Muster mit selbstlöschendem Textilmarker vorzeichnen, wenn Sie wollen. Ich habe mehrere Wellenlinien im Kettenstich (siehe Seite 112) mit einem Faden und Knötchenstiche (siehe Seite 113) mit zwei Fäden dünner Stickwolle gestickt.

7 Zuletzt verzieren Sie die Oberseite der Filzkugel ebenfalls mit Stickereien. Wie beim Rand können Sie das Muster mit einem selbstlöschenden Textilmarker vorzeichnen.

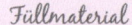

Füllmaterial

Dieses Nadelkissen ist mit Füllwatte ausgestopft. Wer mag, kann aber auch Kapok oder ungesponnene Wolle verwenden (siehe Seite 115).

Knuffiges **Alien**

Dieser sonderbare Bursche kommt vom Planeten Pin und liebt es, von Näherinnen gepiekst zu werden. Er ist ganz besonders einfach anzufertigen, sodass Sie gleich eine ganze Gruppe der drolligen Wesen gestalten könnten.

Das brauchen Sie

Vorlage „Knuffiges Alien" (Seite 120)

Schere, Nähnadel, Sticknadel mit Spitze, Perlnadel Stecknadeln

Woll-Polyacryl-Filz, 2 Quadrate, 13 cm x 13 cm

Filzrest oder Rest einer Decke in einer Kontrastfarbe

Textilmarker, selbstlöschend

Baumwollsticktwist in den gewünschten Farben

Rocailleperlen

3 kleine Knöpfe

Stricknadel, stumpf, oder dünnes Essstäbchen

Kapok zum Füllen

Perlennähgarn, farblich passend zu den Perlen

 Mithilfe der Vorlage (Seite 120) 2x die Alienform auf den Filz übertragen und ausschneiden..

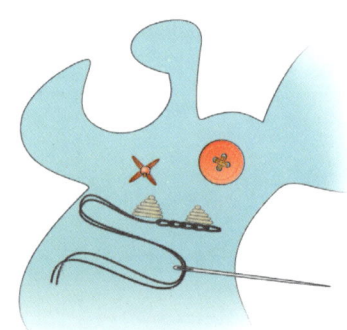

 Das Gesicht auf eine der beiden Formen aufzeichnen. Eines der Augen ist ein Kreuz, das mit dreifädigem Sticktwist gestickt und mit einer aufgenähten Perle in der Mitte geschmückt wird, das andere Auge ist ein Knopf. Der Mund wird mit zweifädigem Sticktwist gearbeitet: die Zähne im Plattstich (siehe Seite 114), der Mund mit einer Kettenstichlinie (siehe Seite 114).

3 Mithilfe der Vorlage einen Kreis aus dem Filz- oder Deckenrest für den Bauch schneiden. Den Kreis auf dem Körperteil für die Vorderseite arrangieren und mit dreifädigem Sticktwist in passender Farbe rundherum im Kettenstich aufnähen. Kurz vor Ende der Naht mit der Stricknadel oder dem Essstäbchen etwas Füllwatte unter den Kreis schieben und den Kreis so fest wie möglich ausstopfen. Dann die Kettenstichrunde beenden und eine oder zwei weitere konzentrische Kettenstichrunden arbeiten, um den Bauch zusätzlich zu betonen.

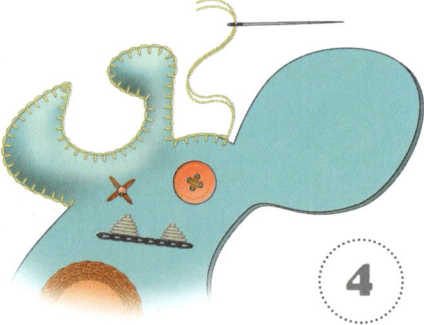

4 Die beiden Körperhälften links auf links aufeinanderlegen und mit zweifädigem Sticktwist im Schlingstich (siehe Seite 111) rund um den Kopf herum zusammennähen. Die Hörnchen während des Nähens so fest wie möglich mit Kapok ausstopfen (siehe Seite 115).

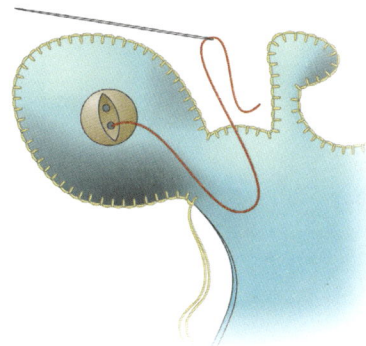

5 Um das 3. Auge herumnähen und auch diesen Fortsatz ausstopfen, allerdings nicht so fest wie die Hörnchen. Perlennähgarn in die Perlnadel einfädeln und einen Stich in die hintere Mitte des 3. Auges arbeiten. Einen Knopf auffädeln.

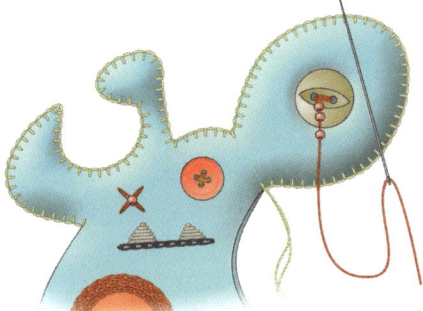

6 Die Nadel auf der Vorderseite des 3. Auges ausstechen und einen weiteren Knopf auffädeln. Einige Male durch die Löcher der beiden Knöpfe auf Vorder- und Rückseite hin- und herstechen, dann auf der Vorderseite so viele Rocailleperlen auffädeln, dass sie den Abstand zwischen den beiden Löchern des Knopfes überspannen, durch das andere Loch zur Rückseite des 3. Auges einstechen. Den Faden fest anziehen. Nadel und Faden so oft wie möglich durch beide Knöpfe und die Perlen führen, dann den Faden als Schlinge um den hinteren Knopf legen, verknoten und im Inneren der Figur verstechen. Weiter Schlingstiche rund um die Außenkante des Aliens arbeiten und das Nadelkissen vollständig ausstopfen, bevor die Naht ganz geschlossen wird.

Füllmaterial
Dieses Nadelkissen ist fest mit Kapok ausgestopft
(siehe Seite 115).

Bestickter **Totenkopf**

Dieses skurrile Nadelkissen geht auf die farbig dekorierten Totenschädel aus Zucker zurück, die es in Mexiko traditionell am „Tag der Toten" – unserem Allerseelentag – gibt. Hängen Sie das Nadelkissen für Ihre Stecknadeln an einem Band an Ihre Nähmaschine.

Das brauchen Sie

Bügeleisen

Vlieseinlage, 4 Quadrate, 6,5 cm x 5 cm

Filz in Weiß, 1 Quadrat, 15 cm x 15 cm, 1 Rechteck, 6,5 cm x 5 cm

Vorlage „Totenkopf" (Seite 122)

Textilmarker, selbstlöschend

Stickrahmen, Ø 10 cm

Schere, Nähnadel, Sticknadel mit Spitze, Stecknadeln

Baumwollsticktwist in beliebigen Farben

Satinband, 1 cm breit, 15 cm

Nähgarn, weiß

Füllwatte

Stricknadel, stumpf, oder dünnes Essstäbchen

 Ein Stück Vlieseinlage mittig auf die Rückseite des großen Filzstücks bügeln. Die Kontur des Totenschädels (Seite 122) auf das so verstärkte Filzstück übertragen. Nach Belieben die Details des Gesichts ebenfalls übertragen (siehe Seite 110). Das Filzstück in den Stickrahmen einspannen und besticken (siehe unten und Seite 110–114: verwendete Zierstiche und Sticktechnik).

Verwendete Zierstiche

Leuchtende Farben sind bei diesem Modell viel wichtiger als perfekte Stickstiche. Stellen Sie Ihre Zierstiche selbst zusammen – oder arbeiten Sie nach dem hier gezeigten Muster:

Blaue Schlingen in der oberen Mitte der Stirn: einzelne Margeritenstiche
Violette Schnörkel: Kettenstiche
Violette Zacken: Fliegenstiche
Augen: konzentrische Kreise aus Kettenstichen in Orange und Blau mit gelben Knötchenstichen in der Mitte und umgeben von Margeritenstichen aus dreifädigem Sticktwist
Alle kleinen Tupfen: Knötchenstiche
Nase: Kontur aus Kettenstichen in Grün, ausgefüllt mit Kettenstichen in Gelb
Schnörkel neben der Nase: Kettenstiche in Blau
Zähne: Schlingstiche in Violett aus dreifädigem Sticktwist
Mund: Kontur aus Stielstichen in Orange
Gelbe Schlingen am Kinn: einzelne Margeritenstiche
Gesicht: Kontur aus Kettenstichen in Orange

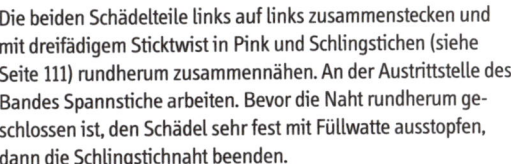

Füllmaterial

Dieses Nadelkissen ist mit Füllwatte sehr prall ausgestopft, damit es leicht und doch fest wird (siehe Seite 115).

2 Ein zweites Stück Vlieseinlage sorgfältig über das erste bügeln, dass die Rückseite der Stickerei komplett eingeschlossen wird. Den Totenschädel ausschneiden.

3 Zwei Lagen Vlieseinlage auf die Rückseite des verbleibenden Filzstücks bügeln. Die Kontur des Totenschädels darauf übertragen und den Schädel ausschneiden. Das Satinband mittig zur Schlaufe legen und die Enden auf der Rückseite des unbestickten Teils mit weißem Nähgarn annähen, dabei durch beide Einlageschichten, jedoch nicht durch den Filz hindurch stechen.

4 Die beiden Schädelteile links auf links zusammenstecken und mit dreifädigem Sticktwist in Pink und Schlingstichen (siehe Seite 111) rundherum zusammennähen. An der Austrittstelle des Bandes Spannstiche arbeiten. Bevor die Naht rundherum geschlossen ist, den Schädel sehr fest mit Füllwatte ausstopfen, dann die Schlingstichnaht beenden.

Perlenverziertes **Glas**

Ein Salzstreuer aus Glas lässt sich schnell mit ein paar Perlen und einem hübschen Anhänger verzieren und wird so zu einem wahren Schmuckstück von einem Nadelkissen.

Das brauchen Sie

Salzstreuer aus Glas mit Schraubdeckel

Papier für den Schnitt

Maßband

Lineal

Bleistift

Schere, Nähnadel, Perlnadel, Stecknadeln

2 Filzstücke in der Größe der Vorlage

Perlennähgarn in der Farbe des Filzes

Rocailleperlen

Zieranhänger oder große Perle

Kapok zum Füllen

Stricknadel, stumpf, oder dünnes Essstäbchen

Alleskleber

Winzige Wäscheklammern oder Papierklemmen

Band, Garn oder andere Garnierung nach Wahl

 1 Messen Sie den Umfang des Salzstreuerdeckels nahe dem Rand ab. Dieses Maß teilen Sie durch zwei und geben 5 mm zu. Dann messen Sie die Höhe des Deckels ab. Zeichnen Sie ein Rechteck mit den ermittelten Maßen auf Papier auf. Darüber zeichnen Sie eine Form Ihrer Wahl für das Nadelkissen auf. Die Kontur ihrer Vorlage 2x auf Filz übertragen und ausschneiden.

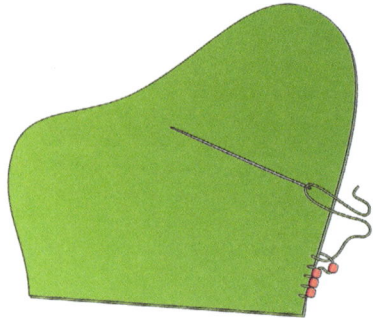

2 Die Filzteile aufeinanderlegen. Mit Perlennadel, Perlennähgarn und Rocailles beide Teile im Perlen-Schlingstich (siehe Seite 112) an einer Seite entlang nach oben zusammennähen.

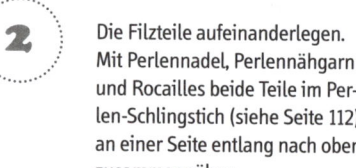

3 Die große Perle oder den Zieranhänger annähen. Die genaue Form Ihres Nadelkissens weicht sicher von der abgebildeten Form ab, aber das Arbeitsprinzip ist das gleiche. Wie Sie die große Perle oder den Anhänger annähen, hängt davon ab, worum es sich handelt. Arbeiten Sie die Stiche so unauffällig wie möglich.

 4 Die andere Seite des Nadelkissens ebenfalls im Perlen-Schlingstich zusammennähen. Dann das Nadelkissen fest mit Kapok ausstopfen (siehe Seite 115), dabei jedoch so viel Raum frei lassen, dass sie das Nadelkissen über den Salzstreuerdeckel ziehen können. Das Nadelkissen gut ausstopfen und das Füllmaterial mit Stricknadel oder Essstäbchen bis in die letzten Winkel schieben. Ziehen Sie das Nadelkissen probehalber über den Deckel des Salzstreuers, um sich zu vergewissern, dass es fest genug sitzt.

Füllmaterial

Dieses Nadelkissen ist mit Füllwatte ausgestopft. Wer mag, kann aber auch Kapok oder ungesponnene Wolle verwenden (siehe Seite 115).

Variante

Das blaue Nadelkissen hat eine spitzere Form, und der untere Rand ist mit Chenillegarn verziert. Verstreichen Sie den Alleskleber auf dem Filz über dem Bereich, der verdeckt werden soll. Dann wickeln Sie das Garn fest über den Klebstoff.

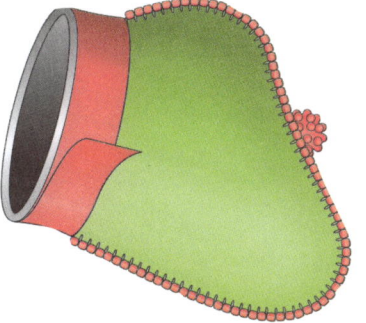

5 Rund um den Rand des Salzstreuerdeckels eine dünne Schicht Alleskleber auftragen. Das ausgestopfte Filz-Nadelkissen über den Deckel ziehen und mit Mini-Wäscheklammern oder Papierklemmen fixieren, bis der Klebstoff getrocknet ist.

6 Zuletzt ein Band oder eine andere dekorative Garnitur um den unteren Rand des ausgestopften Teils kleben, um den Übergang zwischen dem Filz und dem Metalldeckel zu kaschieren. Die Bandenden einschlagen und festkleben, um sie zu versäubern; erst dann das Band ankleben.

Retro - **Style**

✳ Ein Herz fürs Nähen ✳ Flauschige Teetasse

✳ Crazy Patchwork ✳ Weihnachtsbaum

✳ Nadelkissenstapel ✳ Bargello-Schmetterling

✳ Jojo-Nadelkissen ✳ Mustertuch-Kissen

Ein Herz fürs Nähen

Diese zierlichen, dekorativen Herzen haben eine Perlenkante die raffiniert aussieht, aber ganz einfach zu arbeiten ist.

Das brauchen Sie

Vorlage „Ein Herz fürs Nähen" (Seite 122)

Textilmarker, selbstlöschend

Schere, Nähnadel, Stecknadeln

Woll-Polyacryl-Filz, 2 Rechtecke, 10 cm x 8 cm

Perlennähgarn, farblich passend zum Filz

Rocailleperlen

Karborundsand

2 kleine Knöpfe

1 Mithilfe der Vorlage (Seite 122) 2x die Herzform aus Filz zuschneiden und beide Teile aufeinanderstecken. Mit einer Perlnadel und Perlennähgarn am unteren Ende der Mulde im oberen Teil des Herzens beginnen, die Teile rundum im doppelten Perlen-Schlingstich (siehe Seite 112) zusammennähen. Kurz vor Erreichen des Ausgangspunktes das Herz mit Karborundsand füllen. So viel Sand wie möglich einfüllen, dann die Öffnung schließen.

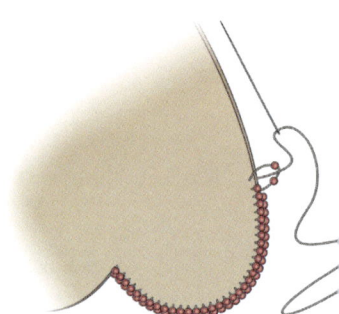

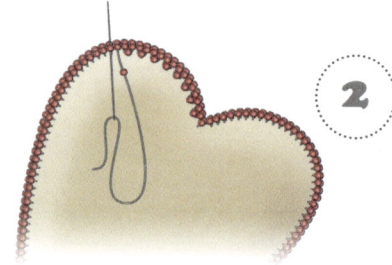

2 Ein langes Stück Perlennähgarn in die Perlnadel einfädeln und an der bereits gearbeiteten Perlkante fixieren. Die Nadel durch eine der Perlen an der inneren Reihe ausstechen, eine weitere Perle auffädeln, dann die Nadel durch die nächste Perlen entlang der inneren Reihe wieder einstechen. Durch die nächste Perle derselben Reihe ausstechen und diesen Vorgang rund um das Herz fortlaufend wiederholen.

3 Um die Perlkante zu vollenden, die Nadel durch 2 Perlen der äußeren Perlreihe stechen, eine weitere Perle auffädeln und die Nadel durch die nächsten 2 Perlen stechen. Diesen Vorgang rund um das Herz fortlaufend wiederholen.

4 Perlennähgarn in die Perlnadel einfädeln, doppelt nehmen und die Enden verknoten. Auf der Rückseite des Herzens die Nadel durch ein Loch des Knopfes für die Rückseite aus- und durch das andere Loch wieder einstechen. Die Nadel zwischen den beiden Fäden durchführen und die Schlinge um die Mitte des Knopfes festziehen. Die Nadel an der Stelle, an der die Knöpfe sitzen sollen, durch das Herz nach vorne durchstechen.

Variante

Sie können dieses Herz in unterschiedlichen Größen arbeiten, indem Sie die Vorlage ganz einfach mit unterschiedlichen Vergrößerungsfaktoren kopieren. Dieses Herz ist aus blaugrünem Filz gearbeitet und mit den gleichen Perlen und Knöpfen wie das Hauptmodell verziert.

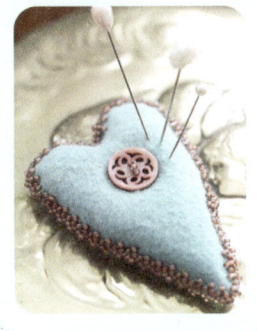

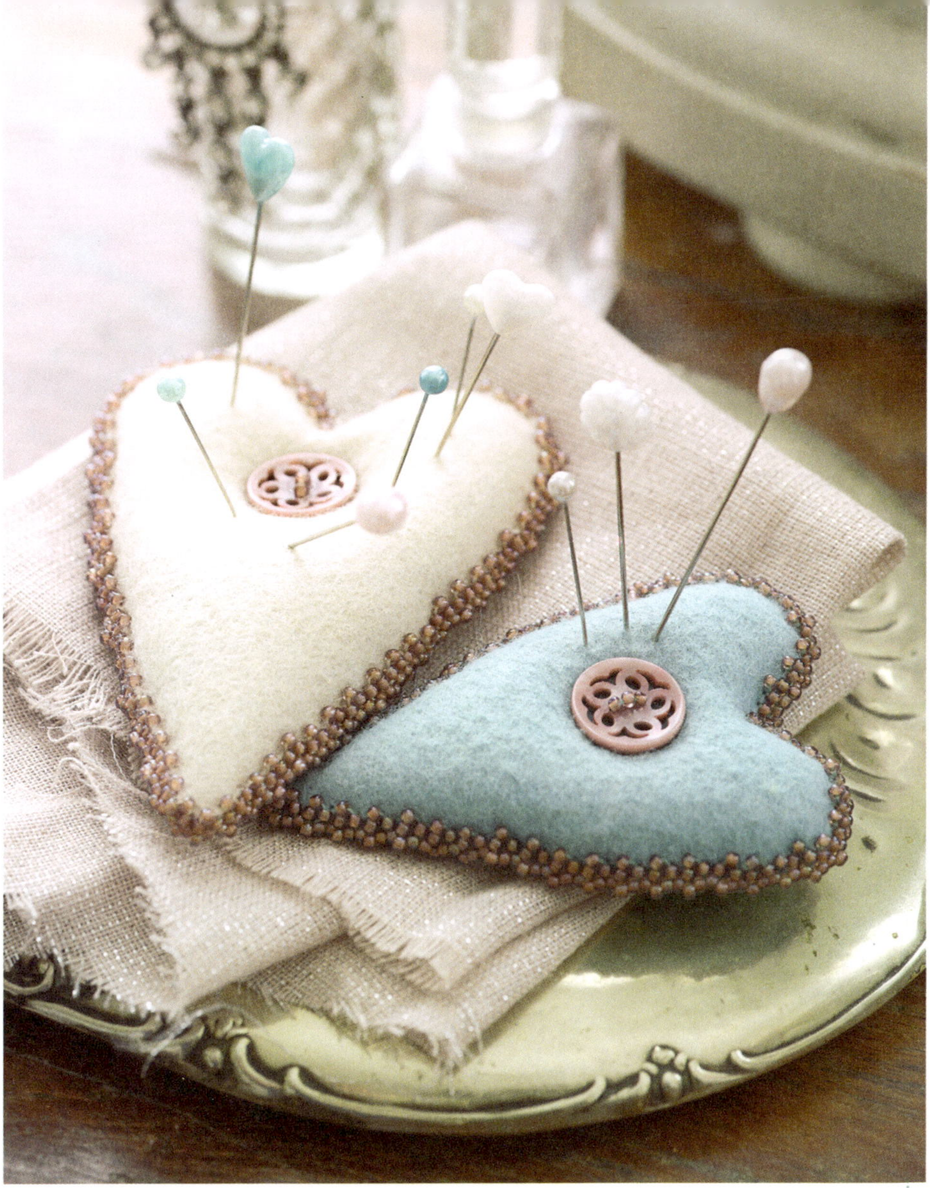

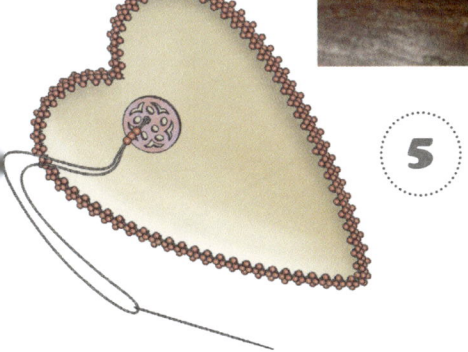

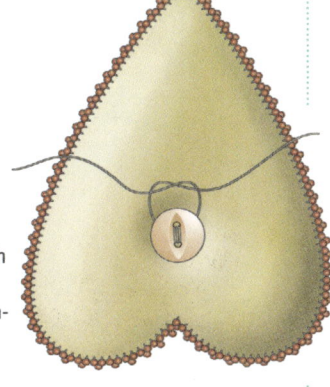

5 Den anderen Knopf auffädeln. Genügend Rocailleperlen auffädeln, um den Abstand zwischen den Löchern im Knopf zu überspannen, dann die Nadel durch das andere Loch führen, durch das Herz hindurch und durch den Knopf auf der Rückseite ausstechen. Den Faden so fest wie möglich anziehen. Den Filz zwischen den Fingern kneten und drücken, dabei den Faden jedes Mal fester anziehen, bis das Herz fest und kompakt ist.

Füllmaterial

Dieses Nadelkissen ist mit Karborundsand gefüllt. Sie können stattdessen aber auch feinen Sand als Füllung verwenden (siehe Seite 115).

6 Die Nadel mit dem Faden so oft wie möglich durch beide Knöpfe und durch die Perlen führen. Zuletzt den Faden um den Knopf auf der Rückseite schlingen und fest verknoten.

Flauschige **Teetasse**

Dieses Nadelkissen ist mit Abstand am einfachsten zu arbeiten und eignet sich hervorragend dazu, hübsche Tassen, deren Untertassen zerbrochen sind, zu neuem Leben zu erwecken. Wenn Sie jedoch eine Untertasse dazu haben, kleben Sie sie an die Unterseite der Tasse, um während des Nähens Garnrollen darauf abzulegen.

Das brauchen Sie

Schere, Nähnadel, Stecknadeln

Starkes Nähgarn

Kreis aus Stoff, Durchmesser = doppelter oberer Durchmesser der Teetasse

Füllwatte

Teetasse

Alleskleber

Marabuborte, Länge = oberer Umfang der Teetasse

Stricknadel oder Lolli-Stäbchen

1 Mit einer Nähnadel und doppeltem Faden Vorstiche (siehe Seite 110) mit 5 mm Abstand zum Rand rund um den Stoffkreis arbeiten. Die Fadenenden anziehen, sodass ein Beutel entsteht. Diesen Beutel mit so viel Füllwatte wie möglich ausstopfen, dann die Vorstiche fest zusammenziehen, sodass der Beutel zur Stoffkugel wird. Die Fadenenden verknoten, dann die Öffnung der Kugel mit einigen Stichen schließen.

Variante

Diese Tasse wird durch eine Pomponsborte anstelle der Federborte rund um den inneren Rand geziert. Die Borte wird auf ähnliche Weise angeklebt, doch wird der flache Teil der Borte in den Spalt zwischen den Pompons und der Tassenwand gedrückt.

2 Die Kugel mit der zusammengezogenen Seite nach unten in die Tasse drücken, um auszuprobieren, ob sie richtig sitzt. Es gibt keine feste Regel, wie viel von der Kugel über die Oberkante der Tasse hinausragen sollte: Entscheiden Sie selbst, was bei Ihrer Tasse am besten aussieht. Die Kugel wieder herausnehmen und reichlich Alleskleber auf der Innenseite der Tasse verteilen. Der Kleber sollte maximal bis 1 cm unter die Linie reichen, bis zu der die Kugel reicht. Die Kugel zurück in die Tasse drücken und den Alleskleber trocknen lassen.

3 Die Kugel etwas von der Tassenkante wegziehen und etwas Alleskleber in die Lücke geben, dabei stets nur ein kurzes Stück auf einmal bearbeiten. Die Federborte in die Lücke drücken und mit einer Stricknadel oder einem Lolli-Stiel hineinschieben. Die Borte rund um den Rand der Stoffkugel ankleben, dann den Klebstoff trocknen lassen.

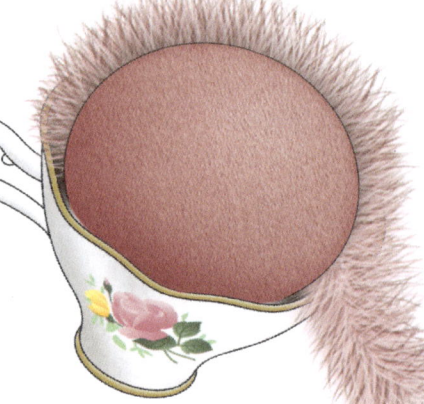

Füllmaterial
Dieses Nadelkissen ist mit Füllwatte ausgestopft. Wer mag, kann aber auch Kapok oder ungesponnene Wolle verwenden (siehe Seite 115).

Crazy **Patchwork**

In einer einfachen Version einer sehr traditionellen Technik entsteht ein üppig besticktes und verziertes Nadelkissen mit herrlich nostalgischem Charme.

Das brauchen Sie

Lineal

Permanentmarker

Baumwollnessel, mindestens 15 cm x 11 cm

Schere, Nähnadel, Sticknadel mit Spitze, Stecknadeln

Reste von Stoffen, Bändern und Borten in den gewünschten Farben

Nähgarn, farblich zu den Stoffen passend

Bügeleisen

Vierfach-Stickgarn oder Baumwollsticktwist in den gewünschten Farben

Perlen, Knöpfe, Pailletten und Zieranhänger in den gewünschten Farben

Dicker Stoff, 15 cm x 11 cm

Nähmaschine

Kapok zum Füllen

Stricknadel, stumpf, oder dünnes Essstäbchen

1 Mit Lineal und Permanentmarker ein 15 cm x 11 cm großes Rechteck auf den Baumwollnessel zeichnen. Innerhalb dieser Kontur mit 1,5 cm Abstand für die Nahtzugaben rundum ein weiteres Rechteck aufzeichnen. An einer Ecke beginnend, die Stoffteile auf dem Baumwollnessel feststecken. Bei überlappenden Stoffen, die ausfransen können, einen schmalen Saum einschlagen, jedoch die Kanten von Stoffen, die nicht ausfransen, offen lassen, damit sie nicht so stark auftragen.

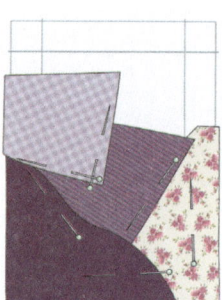

2 Mit Nähnadel und farblich passendem Garn alle Stoffkanten mit Saumstichen durch alle Stofflagen aufnähen. Dabei nach und nach die Stecknadeln entfernen. Das Patchwork mit Vorstichlinien entlang der Außenkanten auf den Nessel heften. Das Patchwork bügeln.

3 Bänder und Borten auf das Patchwork stecken. Sie können einige Nähte überdecken oder quer über größere Stoffteile verlaufen. Probieren Sie aus, was gut wirkt! Mit Vierfach-Stickgarn oder 3 Fäden Baumwollsticktwist in einer dünnen Sticknadel mit Spitze die sichtbaren Nähte mit verschiedenen Stichen und Farben übersticken. Beim abgebildeten Nadelkissen wurden Ketten-, Schling-, Feder- und Spannstich sowie der durchzogene Vorstich verwendet (siehe Seite 110–113).

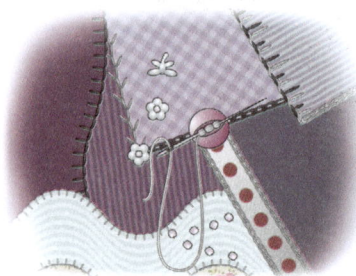

4 Bänder und Borten mit Sticktwist oder Nähgarn (je nachdem, was besser aussieht) und Zierstichen aufnähen. Dann einige Knöpfe, Perlen, Pailletten und Anhänger annähen. Achten Sie darauf, jeweils durch alle Stofflagen zu stechen und alle Zierteile mindestens 1,5 cm von den Außenkanten des Patchworks entfernt anzubringen.

Nadelkissen besticken

Wenn Sie möchten, können Sie ein größeres Stück Baumwollnessel verwenden und zum Besticken und Verzieren in einen Stickrahmen einspannen. Das verhindert, dass das Patchwork Falten wirft.

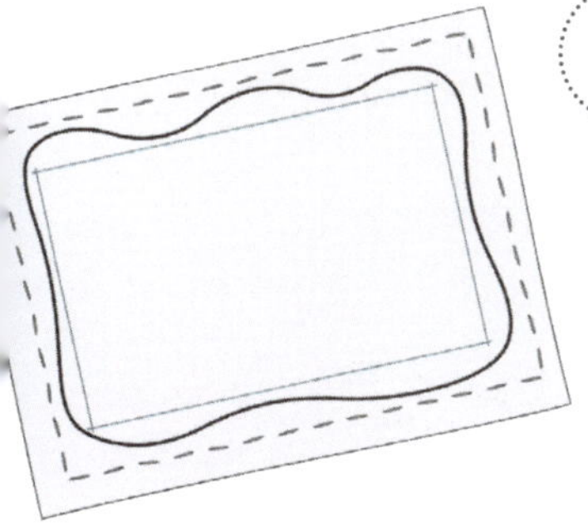

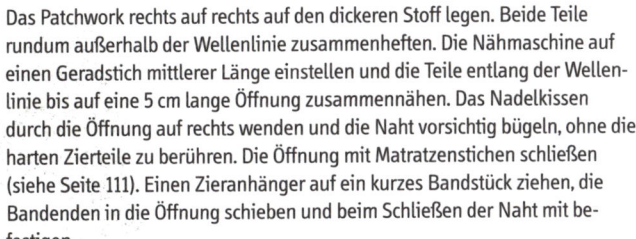

5 Den Baumwollnessel entlang der in Schritt 1 aufgezeichneten Außenkanten ausschneiden. Das Patchwork mit der Schauseite nach unten auf die Arbeitsfläche legen, sodass Sie die Nähte und die markierten inneren Nählinien auf der Rückseite des Nessels sehen können. Mit dem Permanentmarker eine wellige Kontur zwischen die Außenkante und die innere Nählinie zeichnen. Die Linie darf keinesfalls irgendwelche harten Zierteile schneiden. Außerdem sollten die Wellen nicht zu eng verlaufen, weil sie sonst beim Nähen und Wenden Schwierigkeiten verursachen.

Füllmaterial

Dieses Nadelkissen ist fest und prall mit Kapok ausgestopft. Sie können stattdessen aber auch Kunstfaser-Füllwatte oder ungesponnene Rohwolle verwenden, um das gleiche Ergebnis zu erzielen (siehe Seite 115).

6 Das Patchwork rechts auf rechts auf den dickeren Stoff legen. Beide Teile rundum außerhalb der Wellenlinie zusammenheften. Die Nähmaschine auf einen Geradstich mittlerer Länge einstellen und die Teile entlang der Wellenlinie bis auf eine 5 cm lange Öffnung zusammennähen. Das Nadelkissen durch die Öffnung auf rechts wenden und die Naht vorsichtig bügeln, ohne die harten Zierteile zu berühren. Die Öffnung mit Matratzenstichen schließen (siehe Seite 111). Einen Zieranhänger auf ein kurzes Bandstück ziehen, die Bandenden in die Öffnung schieben und beim Schließen der Naht mit befestigen.

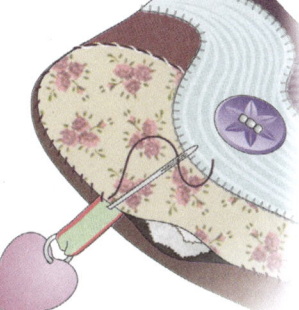

Weihnachtsbaum

Dieses Weihnachtsbaum-Nadelkissen im skandinavischen Stil ist das ideale Weihnachtsgeschenk für Näh-Fans und macht sich das ganze Jahr über aufs Schönste nützlich. Sie können Ihren Baum auch mit Perlen, Zieranhängern und Glitzerborte dekorieren, wenn Sie möchten.

Das brauchen Sie

Bleistift, Lineal und Papier für den Schnitt

Schere, Nähnadel, Sticknadel mit Spitze, Perlnadel, Stecknadeln

Textilmarker, selbstlöschend

Woll-Polyacryl-Filz in Blattgrün, 2 Rechtecke, 16 cm x 9 cm, und 2 Kreise, Ø 5 cm

Woll-Polyacryl-Filz in Hellgrün, 2 Quadrate, 5 cm x 5 cm

Vorlage „Weihnachts-Baum (Herz)" (Seite 123)

Viskose-Nähgarn in Blaugrün

Winzige Perlmuttknöpfe und Pailletten

Rocailleperlen in Blaugrün

Baumwollsticktwist in Blattgrün

Metall-Beilagscheibe, Ø 3 cm

Textilkleber

Kapok zum Füllen

Stricknadel, stumpf, oder dünnes Essstäbchen

1 Ein Dreieck mit einer Basis von 8 cm und einer Höhe von 15 cm von der Basis bis zur Spitze auf Papier zeichnen. Diesen Schnitt ausschneiden und danach 2 Dreiecke aus blattgrünem Filz zuschneiden. Mithilfe der Herz-Vorlage (Seite 123) 2 Herzen aus hellgrünem Filz ausschneiden. Auf jedes Dreieck ein Herz aufstecken (siehe Fotos). Die Herzen mit einer dünnen Nähnadel, blaugrünem Nähgarn und Schlingstichen (siehe Seite 111) auf die Dreiecke nähen.

2 Jedes Dreieck mit Knöpfen und Pailletten verzieren. Die Knöpfe mit blaugrünem Nähgarn aufnähen und dabei kreuzförmige Stiche arbeiten, wenn der Knopf 4 Löcher hat. An den Stellen, an denen Pailletten aufgenäht werden sollen, zunächst einen Stern aus einfachen Spannstichen mit blaugrünem Garn sticken. Die Perlnadel mit blaugrünem Nähgarn in der Mitte des Sterns ausstechen, eine Paillette und eine blaugrüne Rocailleperle aufnehmen und über die Perle hinweg durch die Paillette und den Filz wieder einstechen, um die Paillette zu fixieren.

3 Die Dreiecke links auf links aufeinanderlegen. Mit dreifädigem Sticktwist und einer Nähnadel die beiden Teile entlang der Längsseiten mit Schlingstichen zusammennähen.

4 Auf beide Seiten der Baumspitze einen Perlmuttknopf mit 4 Löchern nähen. Den blaugrünen Faden im Filz verstechen, dann einen Knopf aufnehmen, durch die Baumspitze hindurchstechen und den anderen Knopf aufnehmen. Die Knöpfe mit kreuzförmigen Stichen befestigen.

5 Mit sechsfädigem Sticktwist die Beilagscheibe in die Mitte eines der beiden Filzkreise nähen. Dabei Spannstiche um den Ring arbeiten, um ihn zu fixieren. Den anderen Filzkreis auf die Rückseite des Teils kleben, um die Stiche zu verdecken. Den Klebstoff trocknen lassen.

6 Den Baum mit Kapok ausstopfen, dabei das Füllmaterial mit einer Stricknadel oder einem Essstäbchen bis in die Baumspitze schieben (siehe Seite 115).

7 Mit dreifädigem Sticktwist den Filzkreis so in die untere Öffnung des Baumes einnähen, dass die Metallscheibe nach oben weist. Dabei nach und nach weiteres Füllmaterial nachschieben, damit der Baum sehr fest ausgestopft ist.

Nadelkissen–**Stapel**

Dieses hübsche, herrlich altmodische Nadelkissen ist überaus praktisch. Die drei Einzelkissen sind mit unterschiedlichen Materialien gefüllt, sodass Sie Ihre Näh-, Stick- und Stecknadeln bestmöglich pflegen können.

Das brauchen Sie

Papier für die Vorlagen

Schere, Nähnadel, Stecknadeln

Baumwollstoffe, jeweils 2 Quadrate à 10 cm x 10 cm, 12 cm x 12 cm und 14 cm x 14 cm

Textilmarker, selbstlöschend

Heftfaden

Zackenlitze in folgenden Längen: 32 cm, 38 cm und 44 cm

Nähmaschine

Nähgarn, farblich zu den Stoffen passend

Stricknadel, stumpf, oder dünnes Essstäbchen

Bügeleisen

Kapok, feiner Sand und Kunstfaser-Füllwatte

Perlgarn oder Baumwollsticktwist

2 kleine Knöpfe

 1 Mit dem Zirkel auf Papier 3 Kreise mit 4,5 cm, 5,5 cm und 6,5 cm Radius aufzeichnen und ausschneiden. Mithilfe dieser Vorlagen jeweils 2 Kreise in jeder Größe aus Baumwollstoff zuschneiden. Jeweils 1 Kreis in jeder Größe beiseitelegen.

2 Mit dem selbstlöschenden Textilmarker auf die rechte Seite eines Kreises in jeder Größe einen inneren Kreis im Abstand von 1 cm zur Außenkante zeichnen. Auf jeden Kreis ein Stück Zackenlitze (kürzestes Stück auf den kleinsten Kreis usw.) stecken, sodass die Mitte der Litze auf der markierten inneren Kreislinie verläuft. Die Zackenlitze muss exakt platziert werden, damit das Ergebnis perfekt aussieht. Am Anfang ein kurzes Stück Zackenlitze hängen lassen. Sobald der Ausgangspunkt wieder erreicht wird, die Litze möglichst genau anpassen, damit die Verbindungsstelle sauber aussieht. Die Enden zur Kreiskante führen; dann die Zackenlitze aufheften.

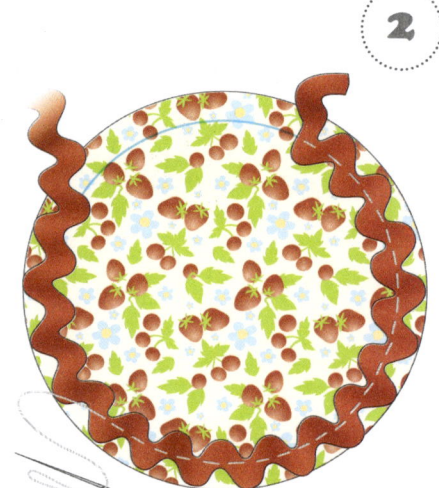

 3 Den jeweils 2. Kreis in jeder Größe rechts auf rechts auf den mit Borte versehenen Kreis legen, sodass die Kanten exakt übereinstimmen. Beide Teile aufeinanderstecken. Die Nähmaschine auf einen kleinen Geradstich einstellen und die Kreispaare mit 1 cm Nahtzugabe bis auf eine Wendeöffnung zusammennähen. Die Öffnung darf auf keinen Fall die Verbindung zwischen Anfang und Ende der Zackenlitze überspannen.

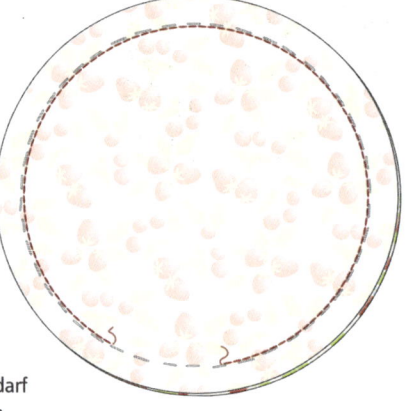

 4 Die Kissen auf rechts wenden und die Rundung mit dem oberen Ende einer Stricknadel oder einem Essstäbchen so sauber wie möglich ausformen. Jedes Kissen bügeln und mit dem entsprechenden Material ausstopfen (siehe Kasten unten und Seite 115), dann die Öffnungen mit Matratzenstichen (siehe Seite 111) schließen, dabei zugleich die Zackenlitze mit annähen.

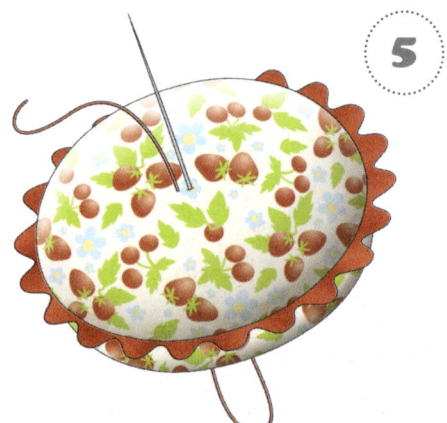

5 Einen langen Faden Perlgarn oder Baumwollsticktwist in eine lange, spitze Nadel (eine Puppennadel ist ideal) einfädeln. In die Mitte des 1. Kissens einstechen und den Faden bis auf ein kurzes Stück durchziehen. An beiden Fadenenden ziehen, um die Mitte des Kissens so weit wie möglich zusammenzudrücken, dann die Enden zu einem sehr festen Doppelknoten binden. Mit den anderen beiden Kissen genauso verfahren.

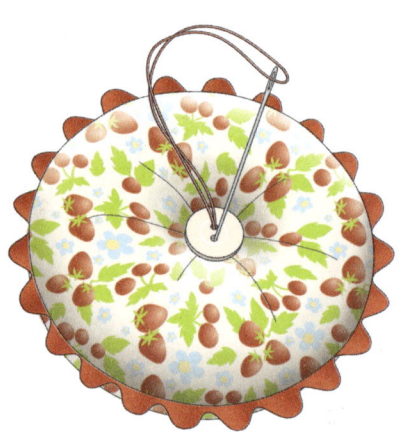

 6 Einen langen, festen Faden in dieselbe Nadel einfädeln, doppelt nehmen und die Enden verknoten. Die Nadel durch die Mitte des größten Kissens einstechen (von oben nach unten, falls Ihre Kissen eine erkennbare Ober- und Unterseite haben), dann einen Knopf auffädeln. Die Nadel durch das andere Loch im Knopf und durch die Mitte des Kissens zurückstechen.

7 Die Nadel durch die Mitte des mittelgroßen Kissens und zuletzt durch die des kleinsten Kissens stechen. Den 2. Knopf auffädeln, dann die Nadel durch alle 3 Kissen und den unteren Knopf führen. Den Faden so fest wie möglich anziehen — je fester, desto besser. Durch Knöpfe und Kissen mehrere Male hin- und herstechen und beim unteren Knopf enden. Die Nadel zu einer Seite des Knopfes durchstechen, den Faden um den Knopf schlingen und unter dem Knopf fest verknoten.

Füllmaterial

Dieses Nadelkissen hat 3 verschiedene Füllungen. Das größte Kissen ist fest mit Kapok ausgestopft, das mittlere ist mit feinem Sand und das kleinste mit Kunstfaserwatte gefüllt (siehe Seite 115).

Bargello-**Schmetterling**

Die klassische Bargello-Stickerei hat eine derart hinreißende Retro-Optik, dass ich ganz in diesem Geist einige wundervolle Farben aus den 1970er Jahren für dieses Nadelkissen zusammengestellt habe. Wenn Sie möchten, können Sie aber natürlich auch eine völlig andere Farbpalette wählen.

1 Den Schmetterling nach dem Zählmuster auf Seite 122 auf den Stramin sticken. Dabei mit dem Körper in der Mitte beginnen und danach die Flügel von innen nach außen arbeiten. Sie können den Hintergrund in jeder beliebigen Technik arbeiten – ich habe mich für den Pariser Stich (siehe Seite 114) und die Grüntöne 1043 und 240 entschieden. Den Hintergrund habe ich rundum 6 Gewebekaros größer als den Schmetterling gearbeitet, aber Sie können weitere Stiche zugeben, wenn Ihr Nadelkissen größer werden soll. Denken Sie daran, dass Sie dann größere Rechtecke aus Stramin und Feincord benötigen!

Das brauchen Sie

Zählmuster für den Bargello-Schmetterling (Seite 122)

Stramin, 72 Stiche/10 cm, 12 cm x 18 cm

Anchor Sticktwist, je 1 Strang in den Farben 109, 240, 274, 292, 303, 386, 972, und 1043

Schere, Nähnadel, Sticknadel ohne Spitze, Stecknadeln

Feinkord, 14,5 cm x 9,5 cm

Nähgarn, farblich zum Stoff passend

Füllwatte

Maßband

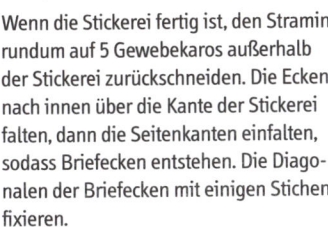

2 Wenn die Stickerei fertig ist, den Stramin rundum auf 5 Gewebekaros außerhalb der Stickerei zurückschneiden. Die Ecken nach innen über die Kante der Stickerei falten, dann die Seitenkanten einfalten, sodass Briefecken entstehen. Die Diagonalen der Briefecken mit einigen Stichen fixieren.

Tipps für die Stickerei Weil für dieses Nadelkissen nur ein sehr kleines Stück Stramin bestickt wird, brauchen Sie den Stoff nicht in einen Stickrahmen einzuspannen, denn er wird sich während des Stickens nicht verziehen.

3 Auf die gleiche Weise bei dem Feincord-Rechteck die Ränder 1 cm breit zur linken Seite umfalten und Briefecken arbeiten. Wenn Sie eine größere Vorderseite bestickt haben, brauchen Sie auch ein größeres Rechteck für die Rückseite. Mit umgeschlagenen Kanten und Briefecken muss das Rechteck die gleiche Größe haben wie die bestickte Vorderseite.

4 Mit Nähnadel und farblich passendem Garn das Feincord-Rechteck mit überwendlichen Stichen (siehe Seite 111) rundum bis auf eine Öffnung zum Ausstopfen an das bestickte Rechteck nähen. Dazu jeweils einen kleinen Stich durch die Stoffkante arbeiten und danach die Nadel unter dem 1. freien Gewebefaden des Stramins außerhalb der Stickerei hindurchführen. Das Nadelkissen fest mit Kunstfaser-Füllwatte ausstopfen, dann die Öffnung mit überwendlichen Stichen schließen.

5 Rund um die Außenkante des Nadelkissens messen und zum ermittelten Maß 30 Prozent zugeben. 6 Fäden Stickgarn in dieser Länge abschneiden – je 2 Fäden in 3 Farben. Die Enden verknoten und die Fäden zu einem Dreierzopf flechten, dann das Zopfende ebenfalls verknoten. Mit der Nähnadel und farblich zum Stoff passendem Nähgarn von der rechten unteren Ecke aus den Zopf entlang der Naht rundum annähen, dabei den Anfang des Zopfes 5 cm lang hängen lassen. Jeweils in die äußerste Kante des Stoffs und unter dem freien Straminfaden einstechen, dann die Nadel durch die Rückseite des Zopfes führen. Den Faden fest anziehen und so weiterarbeiten, um den Zopf fest anzunähen.

6 Zum Ausgangspunkt zurückgekehrt, die Zopfenden mit einigen Stichen verbinden und den Faden abschneiden. Mit einem weiteren Stück Stickgarn die Zopfenden umwickeln und fest zusammenbinden. Die Fadenenden mit einigen Stichen auf und ab durch die Umrandung vernähen. Die Zopfenden ca. 2,5 cm von der Ecke entfernt abschneiden und zur Quaste ausfransen.

Füllmaterial

Dieses Nadelkissen ist mit Füllwatte (siehe Seite 115) ausgestopft, deren Faser weniger als die anderer Füllmaterialien durch den Stramin nach außen „kriechen".

Jojo - Nadelkissen

Dieses Nadelkissen in traditioneller Form ist aus ländlich angehauchten Stoffen gearbeitet und bekommt durch ein Stoff-Jojo eine besonders rustikale Note. Um die Sektoren abzuteilen, brauchen Sie besonders festes Garn wie Perlgarn oder gewachstes Leinengarn (Quiltgarn).

Das brauchen Sie

Zirkel

Papier für die Vorlagen

Schere, Nähnadel, lange Sticknadel mit Spitze, Stecknadeln

Textilmarker, selbstlöschend

Feinkord, je 1 Quadrat, 12 cm x 12 cm und 10 cm x 10 cm

Wollstoff (z.B. von einer alten Decke) oder dicker Wollfilz, 1 Quadrat, 12 cm x 12 cm

Bügeleisen

Nähmaschine

Nähgarn, farblich zum Stoff passend

Füllwatte

Stricknadel, stumpf, oder dünnes Essstäbchen

Perlgarn

2 Knöpfe, Ø 1,5 cm

1 winziger Knopf

 1 Mit dem Zirkel auf Papier je einen Kreis mit 6 cm und mit 5 cm Radius aufzeichnen. Mithilfe dieser Vorlagen je einen großen und einen kleinen Kreis aus Feinkord sowie 1 großen Kreis aus Wollstoff zuschneiden. Auf die Rückseite des kleineren Feinkordkreises mittig einen weiteren Kreis mit 2,5 cm Radius aufzeichnen. Den Rand dieses kleinen Feinkordkreises rundum schmalkantig umbügeln und diesen Kreis rechts auf rechts in die Mitte des Wollstoffkreises stecken.

 2 Die Nähmaschine auf einen kleinen Geradstich einstellen. Auf der Kreislinie innerhalb des kleinen Feinkordkreises entlang nähen und so den Kreis aufnähen. Die beiden größeren Kreise rechts auf rechts aufeinanderstecken und mit 1 cm Nahtzugabe rundum bis auf eine 5 cm lange Öffnung zusammennähen.

 3 Das Nadelkissen auf rechts wenden. Die Naht nicht bügeln, jedoch die Ränder entlang der Öffnung umbügeln. Das Nadelkissen mit Kunstfaser-Füllwatte ausstopfen, sodass es gut gefüllt, aber nicht prall ist. Die Öffnung mit Matratzenstichen schließen (siehe Seite 111).

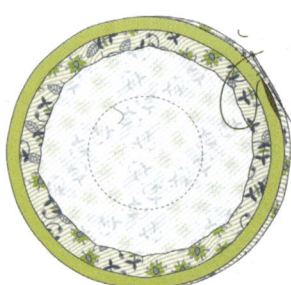

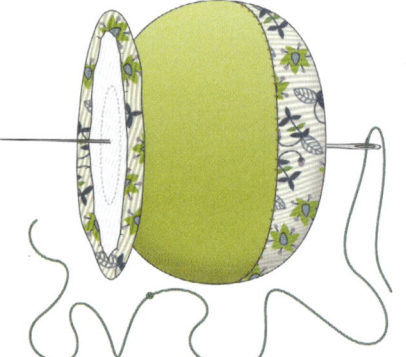

 4 Ein Stück Perlgarn (Länge = ca. 4x der Umfang der Stoffkugel) in die lange Sticknadel einfädeln (eine Puppennadel ist ideal, aber eine lange Stick- oder Stopfnadel eignet sich auch). Den Faden ca. 10 cm vom Ende entfernt zu einem dicken Knoten schlingen. Die Nadel von der Feinkordseite durch die Mitte des Nadelkissens stechen, sodass sie in der Mitte des kleinen Feinkordkreises wieder aussticht. Den Faden bis zum Knoten durchziehen.

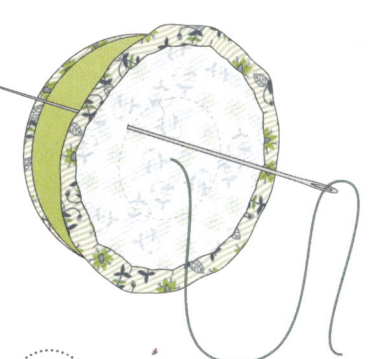

5 Die Nadel knapp außerhalb der Nählinie durch den kleinen Feinkordkreis stechen.

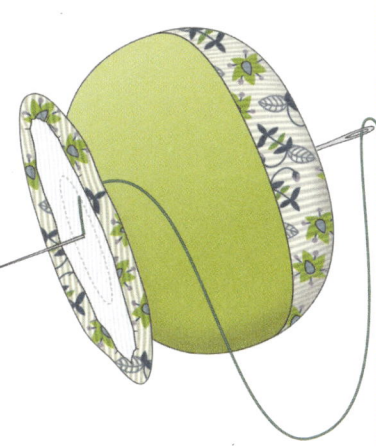

6 Die Nadel um die Außenseite des Nadelkissens herumführen und an derselben Stelle wie zuvor in die Mitte des Kissens einstechen. Den Faden so fest wie möglich anziehen.

7　Diesen Vorgang auf der gegenüberliegenden Seite des Nadelkissens und danach jeweils 2x im rechten Winkel dazu wiederholen, um das Nadelkissen in 4 Sektoren zu unterteilen, die jeweils durch eine Fadenlinie begrenzt werden. Den Faden jedes Mal fest anziehen, damit die Sektoren so gleichmäßig wie möglich ausfallen.

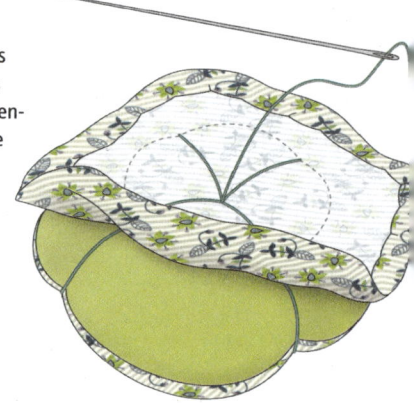

8　Jeden der 4 Sektoren noch einmal unterteilen, sodass am Ende 8 Sektoren entstanden sind. Durch die Mitte des Nadelkissens einstechen und das Fadenende mit dem Anfangsfaden fest verknoten.

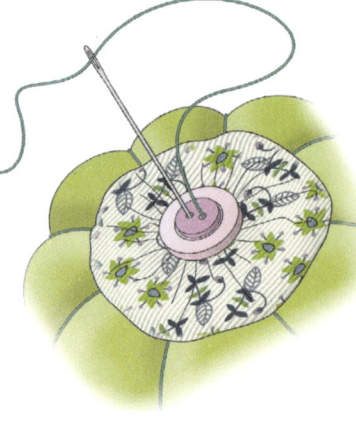

9　Nähgarn in eine Nähnadel einfädeln, doppelt nehmen und 10 cm vom Ende entfernt verknoten. Auf der rechten Seite beginnend Vorstiche rund um den schmal eingeschlagenen Saum des kleinen Kreises arbeiten. Beide Fadenenden anziehen, um das sogenannte Jojo so eng wie möglich zusammenzuziehen, und die Fäden fest verknoten. Beide Fadenenden in eine Nadel einfädeln, ins Innere des Jojos ziehen und kurz abschneiden.

10　Ein weiteres Stück Perlgarn in die lange Sticknadel einfädeln und das Ende verknoten. Die Nadel von unten nach oben durch die Mitte des Nadelkissens und des Jojos einstechen. Erst einen großen, dann den winzigen Knopf auffädeln und durch die jeweils anderen Löcher der Knöpfe und das Nadelkissen zurückstechen.

11　Auf der Unterseite des Nadelkissens den verbleibenden Knopf auffädeln und durch das andere Loch im Knopf wieder nach oben durchstechen. Den Faden fest anziehen. Mehrere Male durch alle Knöpfe hindurchstechen, dann den Faden um den unteren Knopf schlingen und sicher verknoten.

> *Füllmaterial*
>
> Dieses Nadelkissen ist mit Füllwatte ausgefüllt (siehe Seite 115), weil es ziemlich schwammartig sein muss, damit man es mit dem Perlgarn zusammenziehen kann.

Mustertuch-**Kissen**

Hier sehen Sie eine ebenso nützliche wie hübsche Variante eines Mustertuchs. Sie können die hier gezeigten Zierstiche arbeiten oder Ihrem Nadelkissen mit Ihren eigenen Lieblingsstichen eine persönliche Note verleihen.

as brauchen Sie

- al
- ilmarker, selbstlöschend
- lstoff, 18 cm x 18 cm
- ere, Nähnadel, Sticknadel ohne
  ze, Stecknadeln
- krahmen, Ø 13 cm
- mwollsticktwist
- ünze
- mwollstoff, 10 cm x 10 cm, mit
  Zackenschere geschnitten
- tfaden
- maschine
- garn, farblich zum Stoff passend
- del (optional)
- watte
- cknadel, stumpf, oder dünnes
  stäbchen

1 Mit dem Lineal und dem selbstlöschenden Textilmarker ein 10 cm x 10 cm großes Quadrat in die Mitte des Zählstoffs zeichnen. Den Stoff in den Stickrahmen einspannen und mit zweifädigem Sticktwist Musterstreifen aufsticken. Dabei 1 cm unterhalb der Oberkante des Innenquadrats beginnen und rundum ebenfalls 1 cm Abstand zur Linie halten. Jede Stichreihe mit einem Knoten auf dem unbestickten Rand innerhalb des Quadrats beginnen und auf dem Rand der anderen Seite mit einigen Rückstichen beenden (Zierstiche siehe Seite 110–114).

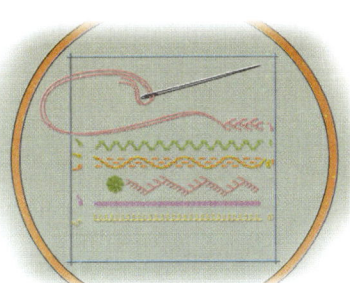

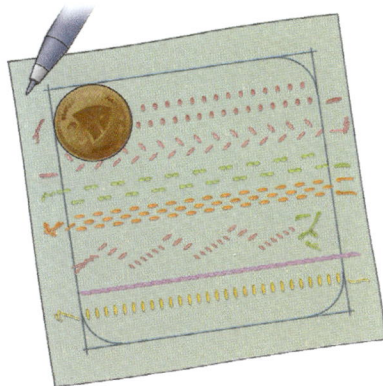

2 Den Stoff aus dem Stickrahmen nehmen und das Quadrat ausschneiden. In die Mitte der Rückseite ein 8 cm x 8 cm großes Quadrat zeichnen. Die Ecken mithilfe einer Münze abrunden.

Verwendete Zierstiche

❖ Schlingstich in Gelb
❖ Kettenstich in Lila
❖ Rückstich-Spinne in Grün
❖ Verzweigter Federstich in Rosa
3 versetzte Vorstichreihen in Orange, mit
gelbem Faden durchzogen
❖ Zackenstich in Grün
❖ Federstich in Lila
❖ Offener kretischer Stich in Rosa

3 Den bestickten Zählstoff und den Baumwollstoff für die Rückseite rechts auf rechts aufeinanderstecken und knapp außerhalb der markierten Linie zusammenheften. Die Nähmaschine auf einen kurzen Geradstich einstellen und beide Teile entlang der markierten Linie bis auf eine Wendeöffnung zusammennähen. Die Heftfäden entfernen und das Nadelkissen auf rechts wenden. Die Ecken mit den Fingern so sauber wie möglich ausformen.

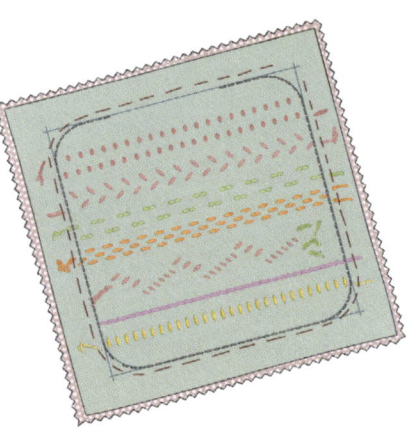

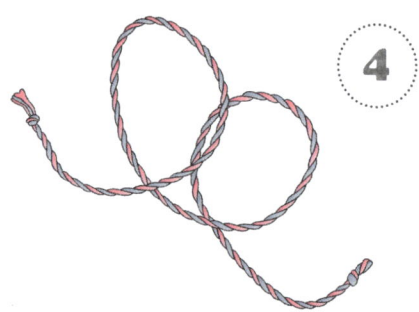

4 35 cm einer Kordel für die Umrandung verwenden oder aus Sticktwist selbst eine Kordel, exakt passend zur Stickerei, drehen. Dazu in 2 Garnfarben jeweils 2 Fäden à 45 cm Länge abschneiden und alle 4 Fäden an einem Ende verknoten. Bitten Sie jemand anderen, den Knoten zu halten. Die Fäden in 2 Gruppen teilen – ein Fadenpaar je Farbe. Die Fadenenden drehen, und zwar jedes Fadenpaar in dieselbe Richtung. Wenn die Fäden so stark verdreht sind, dass sie beginnen, sich umeinander zu drehen, die Fadenenden zusammenbringen und den Helfer bitten, den Knoten loszulassen. Die Fäden zur Kordel drehen lassen und dann vorsichtig glattstreifen. Das andere Ende verknoten.

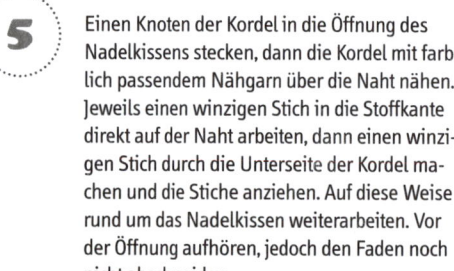

5 Einen Knoten der Kordel in die Öffnung des Nadelkissens stecken, dann die Kordel mit farblich passendem Nähgarn über die Naht nähen. Jeweils einen winzigen Stich in die Stoffkante direkt auf der Naht arbeiten, dann einen winzigen Stich durch die Unterseite der Kordel machen und die Stiche anziehen. Auf diese Weise rund um das Nadelkissen weiterarbeiten. Vor der Öffnung aufhören, jedoch den Faden noch nicht abschneiden.

Füllmaterial

Dieses Nadelkissen ist mit Füllwatte ausgestopft, weil die lockereren Fasern von Kapok oder ungesponnener Rohwolle durch den Zählstoff nach außen dringen könnten (siehe Seite 115).

6 Das Nadelkissen mit Kunstfaser-Füllwatte ausstopfen und das Füllmaterial mit der Stricknadel oder dem Essstäbchen bis in die Ecken schieben, aber das Kissen nicht zu prall füllen. Die Öffnung schließen und dabei zugleich die Kordel aufnähen. Kurz vor dem Ende der Öffnung den anderen Knoten ins Innere des Kissens schieben, dann die Öffnung vollständig zunähen und dabei unter der Kordel einstechen (das kann ein bisschen knifflig sein, aber Sie schaffen es am Ende bestimmt).

Einfach **praktisch**

✳ Vorratsglas mit Nadelkissen ✳ Schneider-Uhr

✳ Nadelbuch ✳ Fabelhafter Fingerring

✳ Nadelkissen mit Taschen ✳ Für Ihre Nähmaschine

✳ Magnetpäckchen

Vorratsglas mit Nadelkissen

Diese niedlichen und vielseitigen Nadelkissen sehen reizend aus und sind schnell, einfach und preiswert anzufertigen. Bewahren Sie Garne oder andere Kurzwaren im Glas auf und stechen Sie Ihre Stecknadeln in die „Garnitur" auf dem Deckel.

Das brauchen Sie

Zirkel

Papier für die Vorlage

Maßband

Vorratsglas mit Schraubverschluss

Lineal

Schere, Nähnadel, Stecknadeln

Rest eines mittelstarken Stoffs

Textilmarker, selbstlöschend

Nähmaschine

Nähgarn, farblich zum Stoff passend

Bügeleisen

Klebstoff, fest

Füllwatte

Stricknadel, stumpf, oder dünnes Essstäbchen

Reste von Bändern und/oder Borten (Länge = Umfang des Schraubdeckels)

Knopf, Zieranhänger oder Perlen

Flauschgarn

Pompons-Set

Baumwollsticktwist

1 Mit dem Zirkel einen Kreis auf das Papier zeichnen. Der Radius entspricht der gewünschten Höhe plus 1 cm plus die Deckelhöhe. Den Umfang des Deckels abmessen. Dieses Maß plus 2 cm auf der Außenkante des Kreises markieren. Von jedem Ende der markierten Linie eine gerade Linie bis zum Mittelpunkt ziehen. Die Form, einen Kreissektor, ausschneiden.

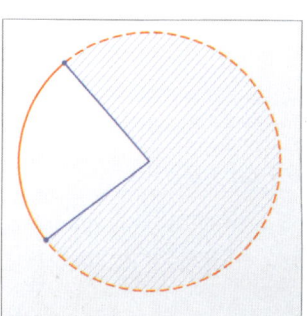

2 Die Vorlage auf die Rückseite des Stoffs stecken und mit dem Textilmarker umfahren. Die Form aus Stoff ausschneiden.

3 Das Stoffteil rechts auf rechts mittig zusammenlegen, sodass die beiden geraden Kanten aufeinandertreffen. Die geraden Kanten mit 1 cm Nahtzugabe zusammennähen, dabei die Naht 1 cm unterhalb der Kegelspitze beenden und durch Rückwärtsnähen sichern. Die Spitze des Kegels am Ende der Naht abschneiden. Die Nahtzugaben auseinanderbügeln und den Kegel auf rechts wenden.

4 Etwas Klebstoff auf dem äußeren Rand des Schraubdeckels verteilen. Die Unterkante des Stoffkegels mit der rechten Seite nach außen über den Deckel stülpen, über den Klebstoff ziehen und andrücken. Den Klebstoff vollständig trocknen lassen.

5 Den Kegel durch die obere Öffnung mit Kunstfaser-Füllwatte (siehe Seite 115) ausstopfen. Eine stumpfe Stricknadel oder ein Essstäbchen hilft, das Füllmaterial gleichmäßig zu verteilen. Rund um die Oberkante eine Reihe Vorstiche (siehe Seite 110) arbeiten und die Öffnung fest zusammenziehen. Den Faden mit einigen Stichen kreuz und quer über die Raffung sichern.

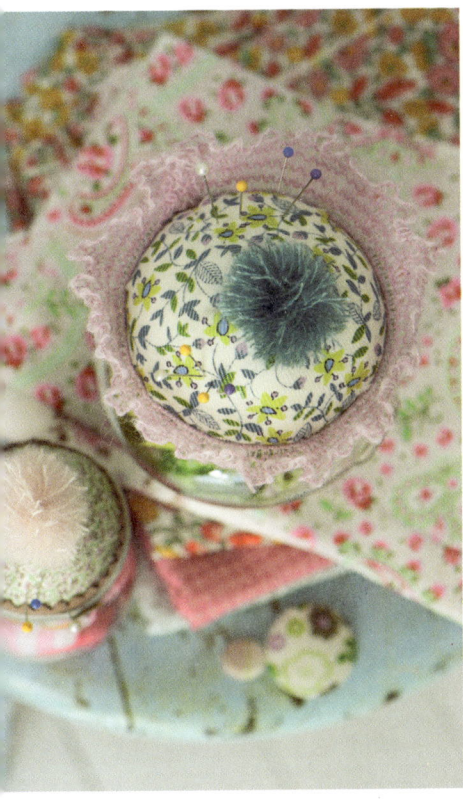

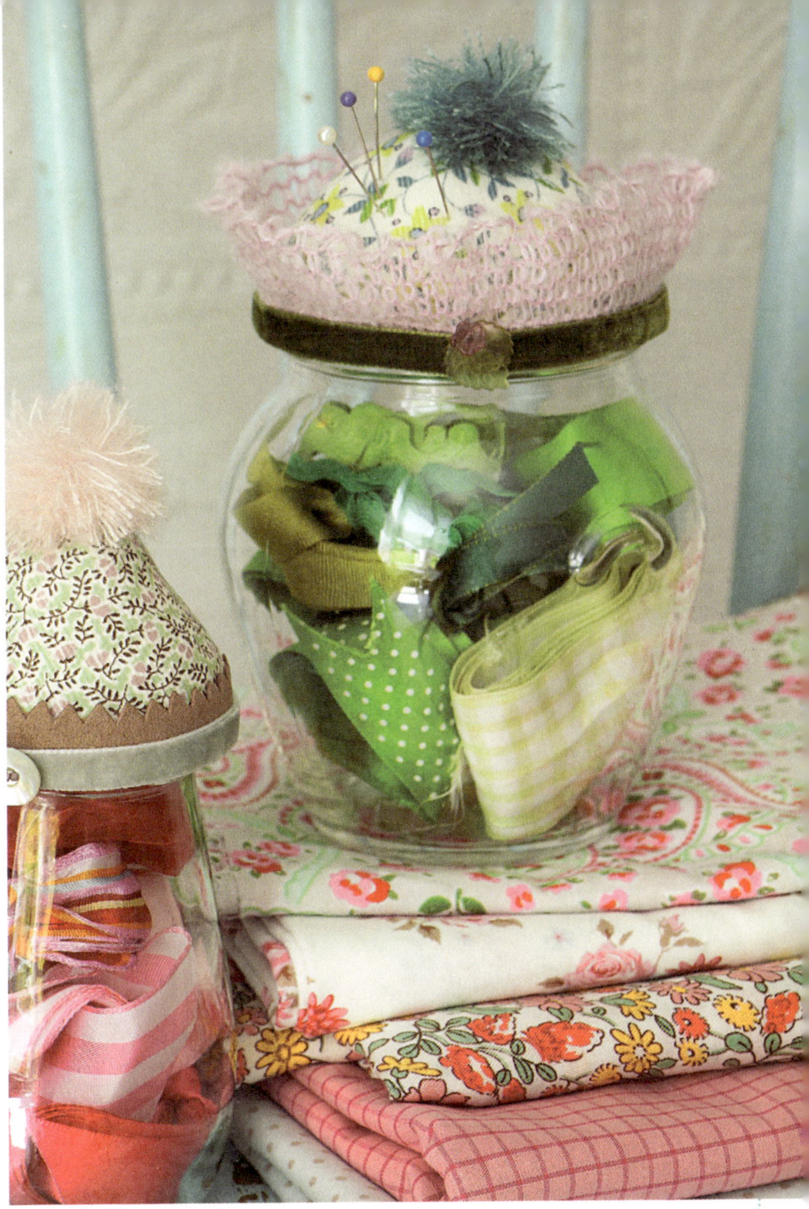

Füllmaterial

Dieses Nadelkissen ist mit Kunstfaser-Füllwatte ausgestopft, weil es schwammartig und leicht sein soll. Wer mag, kann aber auch Kapok oder ungesponnene Wolle verwenden (siehe Seite 115).

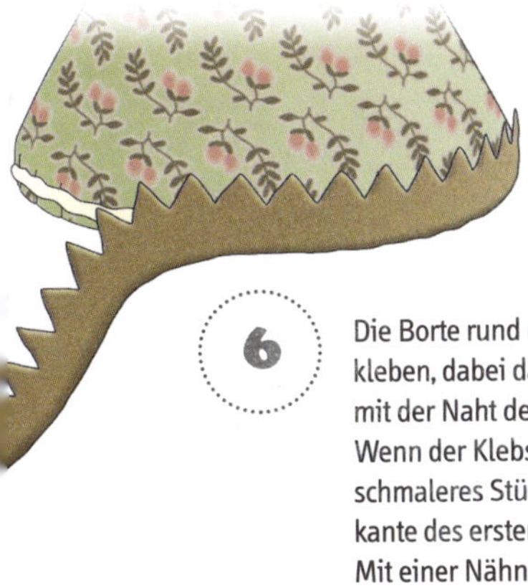

6 Die Borte rund um die Kante des Schraubdeckels kleben, dabei darauf achten, dass der Stoß der Borte mit der Naht des Stoffnadelkissens übereinstimmt. Wenn der Klebstoff trocken ist, können Sie ein schmaleres Stück Borte oder Band über die Unterkante des ersten Stücks kleben, falls Sie das möchten. Mit einer Nähnadel und Nähgarn einen Knopf, Perlen oder einen Zieranhänger an das Band oder die Borte nähen, um das Glas zusätzlich zu verzieren.

7 Mit einem Pompon-Set gemäß den Herstellerangaben einen kleinen Pompon aus Flauschgarn anfertigen und in der Mitte mit Sticktwist abbinden; die Enden des Abbindefadens lang hängen lassen. Mit einer Sticknadel und den Fadenenden den Pompon fest auf die Spitze des Nadelkissens nähen, sodass er die Raffung überdeckt. Die Enden des Abbindefadens unter der Rückseite des Pompons verknoten und kurz abschneiden.

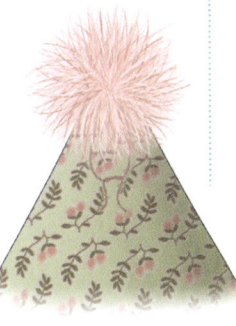

Schneider-**Uhr**

Ein Armband mit Nadelkissen ist das perfekte Hilfsmittel beim Abstecken von Kleidungsstücken, die geändert werden sollen. Besonders niedlich sieht dieses Nadelkissen aus, wenn man es als Uhr stylt. Eine Plastikscheibe im unteren Teil verhindert, dass Sie sich beim Einstechen der Stecknadeln selbst pieksen.

Das brauchen Sie

Vorlage „Schneider-Uhr" (Seite 123)

Schere, Nähnadel, Sticknadel mit Spitze, Stecknadeln

Woll-Polyacryl-Filz in hellem Blaugrün, 1 Quadrat, 5 cm x 5 cm

Woll-Polyacryl-Filz in Blaugrün, 1 Quadrat, 5 cm x 5 cm, 2 Quadrate, 6 cm x 6 cm, 1 Streifen, 18 cm x 1 cm, und 1 Streifen, 2,5 cm breit und so lang wie der Umfang Ihres Handgelenks + 3 cm

Papier für den Schnitt

Zirkel

Textilmarker, selbstlöschend

Baumwollsticktwist in Olivgrün, Dunkelrosa und Lindgrün

Satinband in Lindgrün, 2,5 cm breit und so lang wie der Umfang Ihres Handgelenks + 5 cm

Nähgarn in Lindgrün

Klettverschluss, 3 cm x 2 cm

Dünne Kunststoffscheibe, 5 cm x 5 cm

Bastelkleber

Füllwatte

Stricknadel, stumpf, oder dünnes Essstäbchen

1 kleiner Knopf

1 Mithilfe der Vorlage (Seite 123) einen Kreis aus dem hellen blaugrünen Filz zuschneiden. Mit dem Zirkel auf dem Papier einen Kreis mit dem Radius 2,75 cm aufzeichnen und mithilfe dieser Vorlage 2 Kreise aus dem blaugrünen Filz zuschneiden.

2 Mit selbstlöschendem Textilmarker die Ziffern und die Zeiger von der Vorlage auf den hellen Filzkreis übertragen. Mit zweifädigem Sticktwist und einer dünnen Sticknadel mit Spitze die Ziffern im Kettenstich (siehe Seite 112) in Olivgrün und die Zeiger im Rückstich (siehe Seite 111) in Dunkelrosa aufsticken. Den so bestickten Kreis mittig auf einen der beiden blaugrünen Filzkreise stecken. Den bestickten Kreis mit zweifädigem Sticktwist und Schlingstichen (siehe Seite 111) rundum aufnähen.

3 Auf Höhe der gestickten Ziffer 3 mit zweifädigem Sticktwist in Lindgrün und Schlingstichen den 18 x 1 cm großen Streifen aus blaugrünem Filz an die Kante des blaugrünen Kreises nähen. Anfang und Ende des Streifens ein kleines Stück überlappen lassen, überstehenden Filz abschneiden und den Streifen mit Spannstichen (siehe Seite 111) zum Ring zusammennähen.

4 Beide Enden des lindgrünen Bandes 1 cm breit zur linken Seite einschlagen und das Band auf die Rückseite des Filzstreifens stecken, der Ihr Handgelenk umschließen soll. Mit zweifädigem Sticktwist in Lindgrün und Schlingstichen das Band entlang aller Kanten an den Filz nähen.

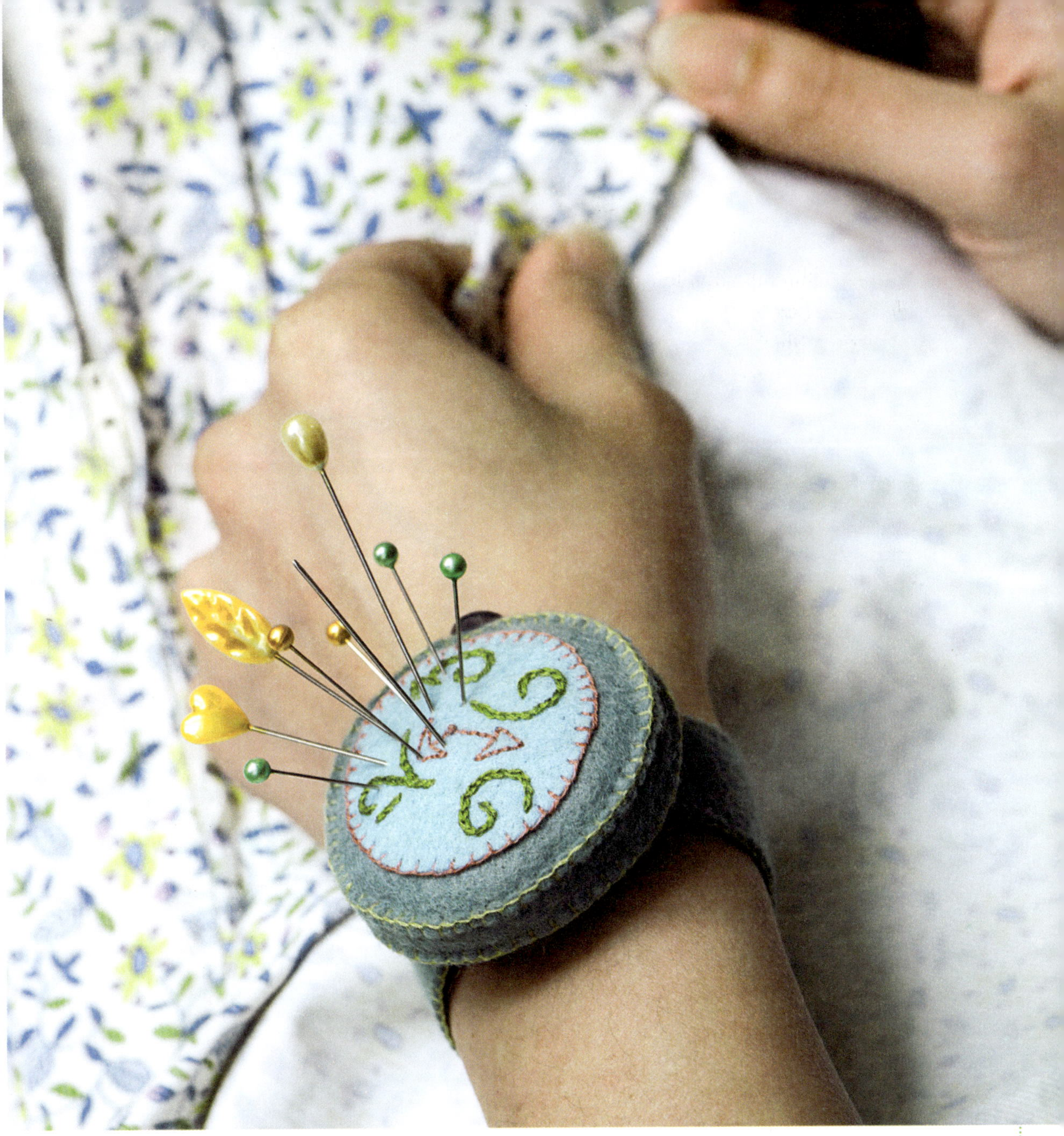

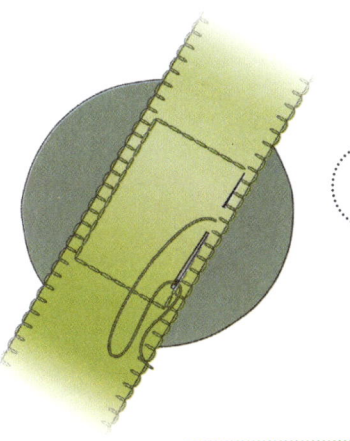

5

Den einfarbig blaugrünen Filzkreis auf die Mitte des Filzstreifens stecken und von der Bandseite her mit lindgrünem Nähgarn und einer dünnen Nähnadel ein Rechteck aus Rückstichen in der Mitte des Kreises arbeiten, um den Streifen zu befestigen.

Füllmaterial

Dieses Nadelkissen ist mit Füllwatte ausgestopft, um es so leicht wie möglich zu halten. Sie können aber stattdessen auch Kapok oder ungesponnene Wolle verwenden, wenn Sie möchten (siehe S. 115).
Das Kunststoffteil, das verhindern soll, dass Sie sich ins Handgelenk stechen, wurde aus einer Milchtüte geschnitten, aber jedes andere Kunststoffteil eignet sich genauso gut.

6 An jedes Ende des Streifens ein Teil des Klettverschlusses nähen, sodass beide Teile einander überlappen. Die Klettverschlussteile so platzieren, dass der Streifen exakt um Ihr Handgelenk passt.

7 Mit einer Papierschere ein Stück Kunststoff zu einem Kreis mit 4,5 cm schneiden. Den Kunststoffkreis mittig auf dem Filzkreis platzieren, der auf den Streifen aufgenäht ist, und ankleben. Den Klebstoff trocknen lassen.

8 Mit zweifädigem Sticktwist in Lindgrün und Schlingstichen die Unterkante des Filzrings an die Kante des Kreises auf dem Streifen nähen. Bevor die Naht ganz geschlossen ist, die Uhr fest mit Kunstfaser-Füllwatte ausstopfen (siehe Seite 115); eine stumpfe Stricknadel oder ein Essstäbchen hilft, die Füllung gleichmäßig zu verteilen.

9 Mit zweifädigem Sticktwist in Lindgrün den kleinen Knopf auf die überlappenden Enden des Filzstreifens an der Uhr nähen. Den Faden zuletzt um die Basis des Knopfes schlingen und verknoten.

Nadelbuch

Jede Hobbyschneiderin braucht ein Projekt (oder auch drei), das sie in den Urlaub mitnehmen kann, und dies ist die ideale Aufbewahrungsmöglichkeit für die Steck- und Nähnadeln, die Sie dafür benötigen. Der Buchbinderstich ist nichts anderes als ein Vorstich, der hin und her gearbeitet wird. Üben Sie ihn auf einem Filzrest, bevor Sie anfangen.

Das brauchen Sie

Schere, Nähnadel, Sticknadel mit Spitze, Stecknadeln

Filz, 1 Rechteck, 13 cm x 7 cm, und 3 Rechtecke, 7 cm x 6 cm

Filzreste in 3 Schattierungen einer Farbe

Baumwollsticktwist in 3 Schattierungen einer Farbe und in Grün

Heftgarn

Lineal

Textilmarker, selbstlöschend

Perlgarn

1   Das größte Filzrechteck quer zur Hälfte zusammenlegen und die Mittellinie mit Stecknadeln markieren. 3 unterschiedlich große Kreise (die nicht exakt kreisrund sein müssen) aus Filzresten zuschneiden und mindestens 1,5 cm von den Stecknadeln entfernt auf der Vorderseite (= der rechten Hälfte) des Buchumschlags anordnen.

2   Mit zweifädigem Sticktwist Schlingstiche (siehe Seite 111) rund um die Kante jedes Kreises arbeiten. Den Stich umgekehrt zur üblichen Arbeitsweise sticken, sodass die „Beinchen" jedes Stichs über die Kreiskante ragen, und die „Beinchen" unterschiedlich lang gestalten. Jeden Kreis in einer anderen Farbe aufnähen.

3   Die Mitte jedes Kreises mit zweifädigem Sticktwist und Knötchenstichen (siehe Seite 113) in allen 3 Schattierungen besticken. Einige Knötchenstiche zwischen die bestickten Kreise sticken.

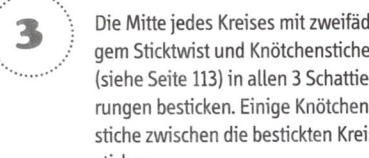

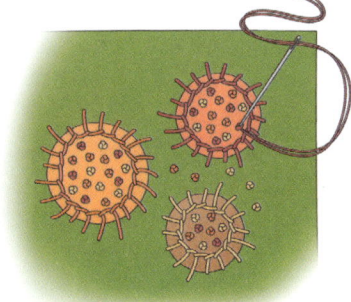

4   Mit zweifädigem Sticktwist in Grün Vorstichlinien (siehe Seite 110) als Stängel unter die Samenstände sticken.

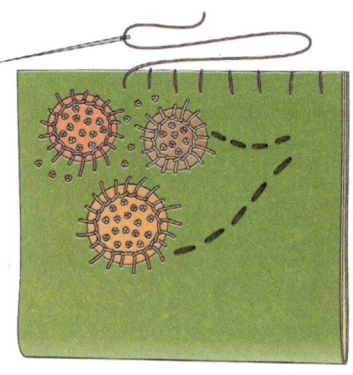

5 Die „Filzseiten" in den Umschlag schieben und den Umschlag darum herum falten. Darauf achten, dass alle sichtbaren Kanten übereinstimmen, und die Seiten nötigenfalls zuschneiden. Die Vorderkante zusammenheften, um die Seiten zu fixieren.

6 Mit dem Lineal und dem selbstlöschenden Textilmarker eine Linie aus 6 Punkten mit 1 cm Abstand zueinander und zum Buchrücken aufzeichnen. Ein langes Stück Perlgarn in eine Sticknadel mit Spitze einfädeln. Die Nadel zwischen die Seiten führen und bei der 2. Markierung von der Oberkante des Buches ausstechen. Den Faden bis auf ein 10 cm langes Stück durchziehen.

7 Vorstiche entlang des Buchrückens arbeiten, dabei an den vorgezeichneten Punkten ein- bzw. ausstechen. Die Nadel gerade durch das Buch durchstechen und die Stiche auf Vorder- und Rückseite so gleichmäßig wie möglich arbeiten. Ab und zu das Buch umdrehen, um zu kontrollieren, ob die Stiche gleichmäßig geraten sind, und um sie festzuziehen. Die Nadel beim letzten Punkt ausstechen, über die Unterkante des Buches führen und an derselben Stelle wie zuvor noch einmal ausstechen. Den Faden anziehen.

8 Die Nadel über den Rücken des Buchs führen und an der letzten Ausstichstelle wieder ausstechen. Den Faden anziehen.

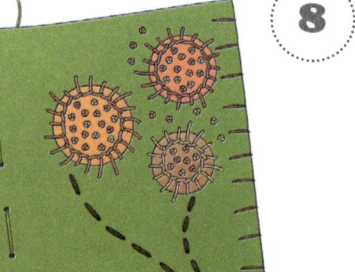

9 Die Punktreihe entlang zurücknähen, dabei in jede Lücke einen Vorstich arbeiten und dann einen Stich über den Buchrücken arbeiten. Achten Sie darauf, die Nadel jedes Mal durch ein Loch zu führen, durch das sie schon einmal gekommen ist, und den Faden straff anzuziehen.

10

Wenn Sie das andere Ende des Buches erreichen, 1 Stich über die Oberkante arbeiten, wie in Schritt 7 beschrieben. Die Heftfäden entfernen. Mit einem letzten Stich die verbleibende Lücke am Rücken füllen, dann die Nadel zwischen die Seiten stechen, wo bereits der Anfangsfaden hängt. Beide Fadenenden mit einem festen Knoten verbinden.

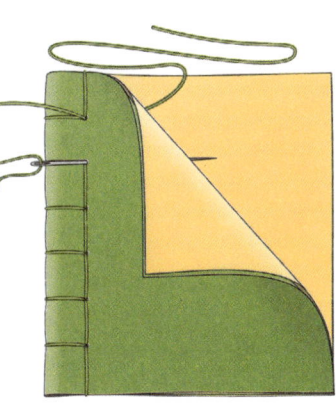

Nadelbuch verzieren
Ich habe mein Nadelbuch mit einem einfachen Muster aus Samenständen verziert, aber Sie können natürlich jedes beliebige Motiv gestalten. Sticken Sie Ihren Namen, applizieren Sie ein Motiv oder nähen Sie einen fertig gekauften Flicken auf – Sie haben die Wahl.

Fabelhafter **Fingerring**

Beim Abstecken von Änderungen oder beim Arbeiten mit einer Schneiderpuppe leistet dieses Nadelkissen gute Dienste, denn es ist im wahrsten Sinne des Wortes stets zur Hand.

Das brauchen Sie

Wolle, ungesponnen, in 1 oder 2 Farben

Geschirrspülmittel

Warmes Wasser

Kronkorken aus Metall

Schere, Nähnadel, Perlnadel, Stecknadeln

Filzrest, etwas größer als die Oberfläche des Flaschenverschlusses

Filzstreifen, ca. 2 cm breit, in der Länge des Kronenkorken-Umfangs + 5 mm

Textilmarker, selbstlöschend

Baumwollsticktwist, zum Filz passend

Schneidematte

Cuttermesser

Gummiband, ca. 5 mm breit und lang genug, um locker um den Ringfinger zu passen

Festes Nähgarn

Alleskleber

Perlennähgarn, farblich zum Filz passend

Rest Blütenborte

Rocailleperlen

 1 Ein kleines Stück ungesponnene Wolle zu einer lockeren Kugel wickeln. Etwas Spülmittel in den Handflächen verteilen und die Kugel dazwischen rollen. Die Hände in warmes Wasser tauchen und die Kugel kräftiger und fester rollen. Weiter eintauchen und rollen, bis die Kugel fest und rund ist. Das dauert nur ein paar Minuten. Wieder etwas Wolle um die Kugel wickeln und den Walkvorgang wiederholen, um die Kugel zu vergrößern. Sie können ein oder zwei Wicklungen in einer anderen Farbe arbeiten, damit Streifen auf der Kugel entstehen. So fortfahren, bis die Kugel einen etwas größeren Durchmesser hat als der Kronkorken. Die Kugel unter kaltem Wasser spülen und trocknen lassen.

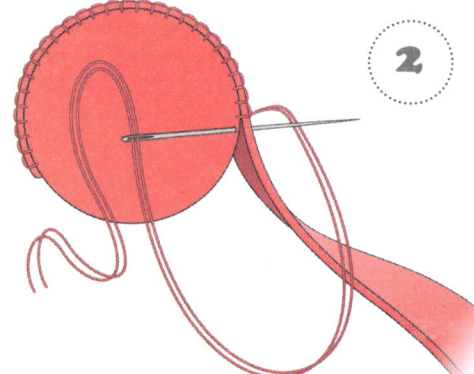

2 Den Kronkorken auf ein Stück Filz legen und mit dem selbstlöschenden Textilmarker umfahren. Den Kreis knapp außerhalb der aufgezeichneten Linie ausschneiden. Mit einer spitzen Sticknadel und zweifädigem Stickstich den Filzstreifen mit Schlingstichen (siehe Seite 111) an die Kreiskante nähen.

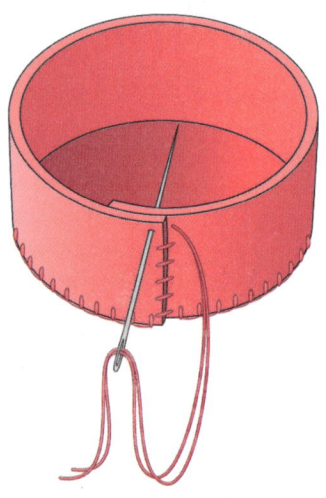

 3 Wenn Sie rundherum genäht haben, den Kronkorken und die Filzkugel in das so entstandene „Filzkörbchen" einpassen und überprüfen, ob die Kante des Streifens bis etwa zur halben Höhe der Filzkugel reicht. Falls nötig, die Oberkante des Streifens etwas zurückschneiden. Dann die Enden des Filzstreifens etwas überlappen lassen und mit einer spitzen Sticknadel und zweifädigem Sticktwist mit Spannstichen (siehe Seite 111) zusammennähen.

 4 Das „Filzkörbchen" mit der Kreisseite nach unten auf die Schneidematte legen und mit dem Bastelmesser 2 Schlitze von 5 mm Länge in den Kreis schneiden. Die beiden Schlitze einander gegenüber nahe an der Kreiskante platzieren. Von außen durch jeden der beiden Schlitze ein Ende des Gummibandes führen und die Enden mit festem Faden zusammennähen. Die Schlaufe wieder nach außen ziehen, sodass die zusammengenähten Enden im „Körbchen" bleiben, und ausprobieren, ob der Gummi um Ihren Finger passt. Er soll fest genug sitzen, dass der Ring nicht verrutscht, aber nicht einschneidet.

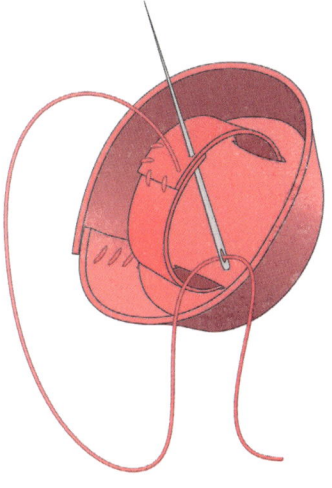

Fabelhafter Fingerring

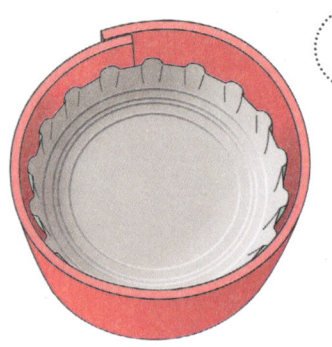

5 Etwas Klebstoff auf der Außenseite des Kronkorkens verteilen und den Verschluss in das „Filzkörbchen" drücken. Den Klebstoff trocknen lassen.

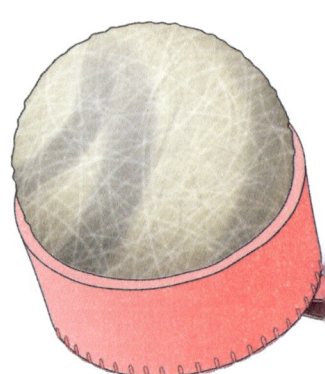

6 Etwas Klebstoff im Kronkorken verteilen und die Filzkugel hineindrücken. Den Klebstoff trocknen lassen.

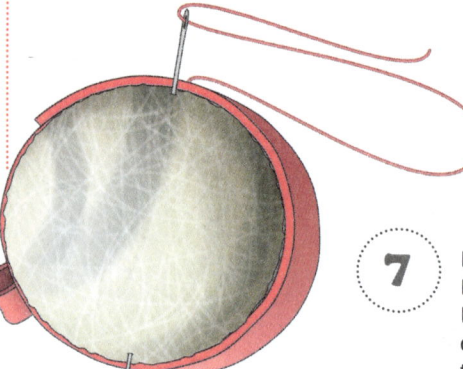

7 Ein langes Stück Perlennähgarn in eine Perlnadel einfädeln. Die Nadel auf Höhe der Oberkante des Filzstreifens durch die Filzkugel stechen. Einen kleinen Stich in den Filz arbeiten, dann die Nadel durch die Kugel zurückstechen. Auf diese Weise weiterarbeiten, bis der Filzring rund um die Kugel angenäht ist.

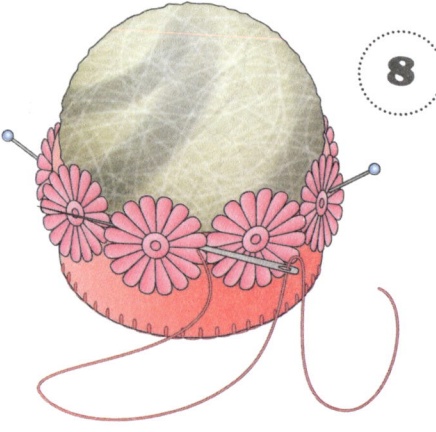

8 Die Blütenborte rund um das Nadelkissen aufstecken, sodass sie den Übergang zwischen Filzring und Kugel verdeckt. Die Borte mit einer Nähnadel und Perlennähgarn mit kleinen Stichen an die Filzkugel nähen.

9 Mit einer Perlnadel und Perlennähgarn in die Mitte jeder Blüte der Borte 1 Rocailleperle nähen.

Nadelkissen mit Taschen

Die kleinen Taschen rund um die Kante dieses Nadelkissens eignen sich hervorragend zum Aufbewahren all der Kleinigkeiten, die man zum Nähen eines bestimmten Projekts braucht. Garnröllchen, Schere, Fingerhut, Knöpfe, Textilmarker – all das und mehr findet hier ein Zuhause.

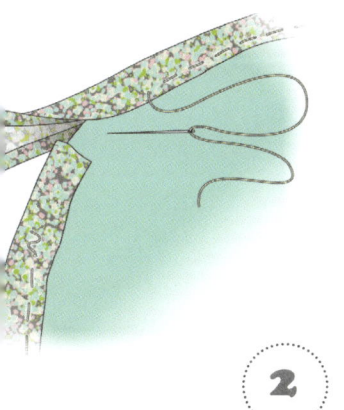

1

Mithilfe des Bügeleisens den Schrägstreifen der Länge nach auf halbe Breite bügeln. Den Streifen um die Kante eines der Stoffkreise legen und rundherum aufheften. Wieder am Ausgangspunkt angekommen, das überstehende Ende bis auf 2 cm zurückschneiden. Das Ende 1 cm breit zur linken Seite umschlagen und über den Anfang des Streifens heften.

2

Die Nähmaschine auf einen engen Zickzackstich einstellen und Nähgarn in der Farbe der Einfassung einfädeln. Die Umrandung genau entlang des Kreises an den Stoff nähen, dabei auf der Einfassung knapp an der Innenkante nähen. Schritt 1 und 2 beim 2. Stoffkreis wiederholen.

Das brauchen Sie

180 cm Schrägstreifen

Bügeleisen

Baumwollstoff, 2 Kreise, 13 cm Radius

Schere, Nähnadel, lange Sticknadel mit Spitze (Puppennadel), Stecknadeln

Heftgarn

Nähmaschine

Nähgarn, farblich passend zu Stoff und Schrägstreifen

Zirkel

Textilmarker, selbstlöschend

Füllwatte

Perlgarn

Knopf zum Überziehen, Ø 2 cm

1 kleiner Knopf mit 2 Löchern

3

Mit dem Zirkel und selbstlöschendem Textilmarker einen inneren Kreis mit einem Radius von 7,5 cm mittig auf die rechte Seite eines der Stoffkreise zeichnen. Die Nähmaschine auf einen kurzen Geradstich einstellen und ein Nähgarn in der Farbe des Stoffes einfädeln. Beide Kreise links auf links aufeinanderstecken und auf dem markierten inneren Kreis bis auf eine Öffnung zum Ausstopfen zusammennähen. Das Nadelkissen ziemlich fest mit Füllwatte ausstopfen, dann die Öffnung mit Rückstichen (siehe Seite 111) schließen.

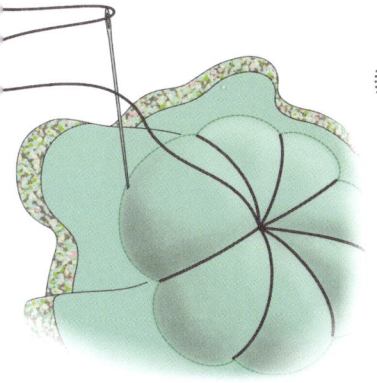

4

Ein Stück Perlgarn abschneiden, das 4x so lang ist wie der Umfang des ausgestopften Nadelkissens. Den Faden in eine Puppennadel bzw. eine lange Sticknadel mit Spitze einfädeln. An der Unterseite beginnend, das Nadelkissen in Sektoren aufteilen, wie beim Patchwork-Kürbis (Seite 92) beschrieben, jedoch die Nadel nicht außen um die Kante des Nadelkissens führen, sondern durch den Stoff direkt innerhalb der inneren Nählinie einstechen. Sie haben nun ein Nadelkissen, das in Sektoren aufgeteilt und von einem Ring aus 2 Stofflagen umgeben ist.

5 Mit selbstlöschendem Textilmarker
in der Verlängerung jedes Auf-
teilungsfadens eine Markierung auf
dem Stoff genau innerhalb der
Einfassung anbringen.

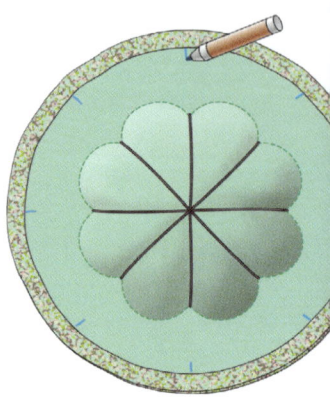

6 In die Puppennadel ein weiteres Stück Perlgarn einfädeln
und die Nadel von unten nach oben durch die Mitte des
Nadelkissens stechen.

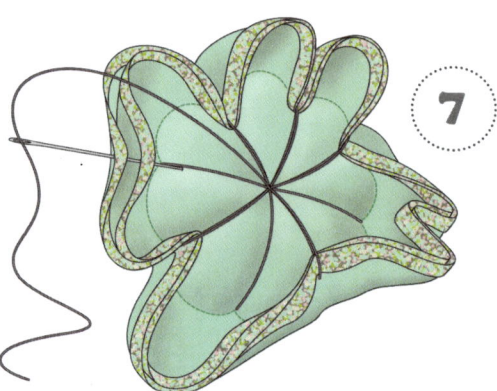

7 Die Nadel über die Kante des Stoffrings führen und von der Unterseite
her an der markierten Stelle durch beide Stofflagen stechen. Dann die
Nadel in den ausgestopften Teil des Nadelkissens auf der Teilungslinie einstechen, die zur Markierung gehört, und 1,5 cm innerhalb der
inneren Nählinie zwischen dem ausgestopften und dem flachen Teil
einstechen. Die Nadel schräg durch das Nadelkissen durchstechen,
sodass sie in der Mitte der Unterseite aussticht, von der alle Teilungs-
fäden ausgehen. Den Faden fest anziehen. Auf diese Weise auch alle
anderen markierten Punkte an eine Teilungslinie nähen.

8 Den restlichen Stoff der Einfassung bügeln und mit einem Stückchen
den Knopf nach Herstellerangabe überziehen. Ein Stück Perlgarn in
die Puppennadel einfädeln und doppelt nehmen. Die Nadel von unten
nach oben durch das Nadelkissen stechen und den überzogenen
Knopf auffädeln. Dann die Nadel durch die Mitte des Nadelkissens
zurückstechen, jedoch den Faden noch nicht anziehen.

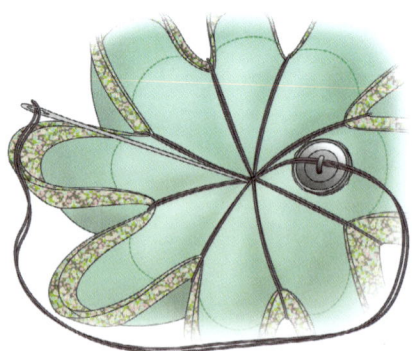

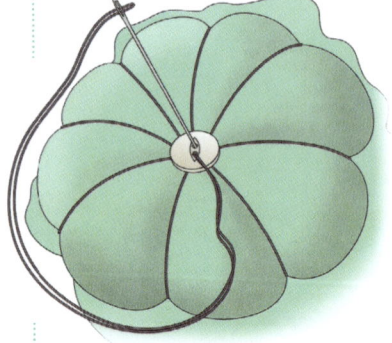

9 Den kleinen Knopf auffädeln, die Nadel durch das Nadelkissen und den Stiel des überzogenen Knopfes und wieder durch das Nadelkissen zurückstechen. Durch den
Knopf ausstechen, dann den Faden langsam sehr fest anziehen. Die Nadel durch den unteren Knopf ein- und an
einer Seite des Knopfes ausstechen. Den Faden um die
Basis des Knopfes schlingen und verknoten.

Für Ihre **Nähmaschine**

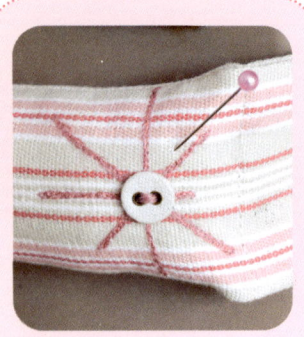

Dieses Nadelkissen ist eine Art „Polstergürtel", den Sie um den hinteren Teil Ihrer Nähmaschine legen können. Es ist so schnell und einfach zu nähen und so herrlich praktisch beim Nähen mit der Maschine, dass Sie sich fragen werden, wie Sie bisher ohne das Nadelkissen ausgekommen sind.

Das brauchen Sie

Maßband

Fester Stoff, 2 Rechtecke (Größe siehe Schritt 1)

Schere, Nähnadel, Stecknadeln

Maschinenstickgarn (optional)

1 dekorativer Knopf (optional)

Nähmaschine

Nähgarn, farblich zum Stoff passend

Kunstfaser-Füllwatte

Lineal

Heftgarn

2 Druckknöpfe

1 Messen Sie den Umfang des aufrechten Teils Ihrer Nähmaschine ab und addieren Sie zum Ergebnis 8 cm. Finden Sie heraus, wie hoch Ihr Nadelkissen sein kann, ohne dass es die Funktion der Maschine beeinträchtigt, und addieren Sie 3 cm. 2 Stoffteile nach diesen Maßen zuschneiden.

2 Einen der beiden Streifen der Länge nach zusammenlegen und die Mitte mit einer Stecknadel markieren. Die Breite der Vorderseite des aufrechten Teils der Nähmaschine abmessen. Diese Breite mit Stecknadeln auf dem Stoffstreifen markieren, sodass die Stecknadel für die Streifenmitte genau in der Mitte liegt. Diese Stecknadel entfernen. Der markierte Bereich wird zum eigentlichen Nadelkissen. Sie können die Fläche nach Belieben besticken. Die Stickerei muss allerdings mindestens 1,5 cm von der Ober- und Unterkante des Streifens entfernt bleiben. Ich habe einen einfachen Stern in 2 Rosatönen mit der Maschine aufgestickt und einen altmodischen leinenbezogenen Wäscheknopf in die Mitte genäht.

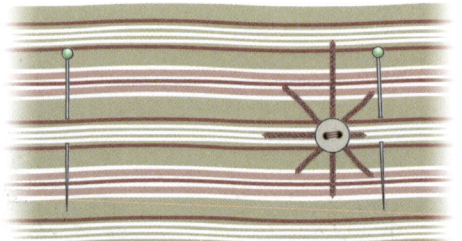

3 Die Markierungsstecknadeln entfernen und die beiden Teile rechts auf rechts aufeinanderlegen, sodass alle offenen Kanten übereinstimmen. Die Nähmaschine auf einen mittleren Geradstich einstellen. Die Stoffstreifen entlang einer Längsseite, einer Schmalseite und der anderen Längsseite mit 1,5 cm Nahtzugabe zusammennähen. Das Nadelkissen auf rechts wenden und bügeln. An der offenen Schmalseite die Stoffkanten 1,5 cm breit nach innen umschlagen und bügeln.

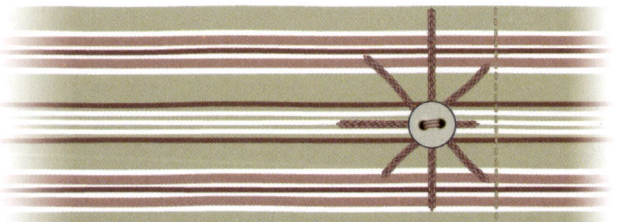

4 Den Bereich für das Nadelkissen wie in Schritt 2 mit Stecknadeln markieren. Mit farblich passendem Nähgarn an der am weitesten von der offenen Kante entfernten Markierung eine Steppnaht quer über den Streifen nähen. Die Fäden auf der Rückseite des Streifens fest vernähen.

5 Die Stecknadel in das andere Ende des Nadelkissen-Teils neu einstechen, sodass sie nur das vordere Stoffteil erfasst. Füllwatte in das Kissen stopfen und ein Lineal verwenden, um das Füllmaterial voranzuschieben und den Nadelkissen-Teil (zwischen der Steppnaht und der verbleibenden Stecknadel) so fest wie möglich auszustopfen. Die Stecknadel wieder durch beide Stofflagen stechen und die Lagen entlang der Stecknadellinie zusammenheften.

Füllmaterial
Dieses Nadelkissen ist prall mit Füllwatte ausgestopft, damit es schön fest wird, aber auch so leicht wie möglich bleibt (siehe Seite 115).

6 Einen Reißverschlussfuß in die Nähmaschine einsetzen und entlang der Heftlinie nähen. Die Fäden wie zuvor auf der Rückseite vernähen. Die Öffnung am Ende des Bandes zunähen. Die Heftfäden entfernen.

7 Die Druckknöpfe mit doppeltem Faden so an die beiden Enden des Nadelkissenbandes nähen, dass das Band den aufrechten Teil der Nähmaschine eng umschließt.

Magnetpäckchen

Dies ist ein ebenso nützliches wie hübsches Nadelkissen. Es ist magnetisch, sodass die Stecknadeln geradezu darauf fliegen, und hat eine Füllung aus Karborundsand, die Ihre Stecknadeln schön spitz hält. Das Nadelkissen sieht zwar aus wie ein Geschenk – aber Sie werden es vermutlich nicht hergeben wollen!

Das brauchen Sie

Bügeleisen

Woll-Polyacryl-Filz, 2 Quadrate, 6 cm x 6 cm, und 1 Streifen, 25 cm x 2 cm

Vlieseinlage, mittelstark, 2 Quadrate, 6 cm x 6 cm, und 1 Streifen, 25 cm x 2 cm

Band, 2 cm breit, 40 cm

Schere, Nähnadel, Stecknadeln

Nähgarn, farblich zu Filz und Band passend

Alleskleber

1 flacher Magnet, 2 cm x 2,5 cm

Karborundsand

1 Die Vlieseinlageteile auf die Rückseite der Filzteile bügeln. Mit der Schere die Ecken der Filzquadrate abrunden. Mit einer Nähnadel und farblich passendem Nähgarn den Filzstreifen mit Schlingstichen (siehe Seite 111) an eines der Quadrate nähen. In der Mitte einer Seite beginnen, 1 cm des Filzstreifens lose hängen lassen und rundherum nähen. Am Beginn des Streifens angekommen, die Enden überlappen lassen (überstehenden Filz gegebenenfalls abschneiden) und mit Spannstichen zusammennähen (siehe Seite 111).

2 Ein 10 cm langes Bandstück abschneiden, quer zur Hälfte falten und den Bruch festdrücken, um die Mitte zu markieren. Das Band wieder öffnen und die Bandenden zur Mitte falten, sodass sie den Falz leicht überlappen. Mit einer Nähnadel und Nähgarn eine Vorsichtlinie (siehe Seite 110) am Falz entlang durch alle 3 Lagen arbeiten. Die Stiche fest zusammenziehen und den Faden vernähen. Ein 3 cm langes Bandstück abschneiden und der Länge nach mittig zusammenlegen. Dieses Bandstück um die zusammengezogene Mitte des größeren Teils legen, die offenen Enden einschlagen und zusammennähen, sodass eine Schleife entsteht.

Teile zuschneiden

Wenn es Ihnen leichter fällt, können Sie auch ein großes Stück Vlieseinlage auf ein großes Stück Filz aufbügeln und erst danach die einzelnen Teile zuschneiden.

3 Das restliche Bandstück halbieren und flach zum Kreuz auslegen. Das Nadelkissen mit der rechten Seite nach unten auf das Band legen und so platzieren, dass die Kreuzung dicht an einer Ecke liegt. Die Bandenden über die Kanten des seitlichen Filzstreifens falten und auf der Innenseite des Nadelkissens ankleben. Achten Sie darauf, das Band nicht zu straff zu ziehen, damit es die Seiten nicht zusammenzieht.

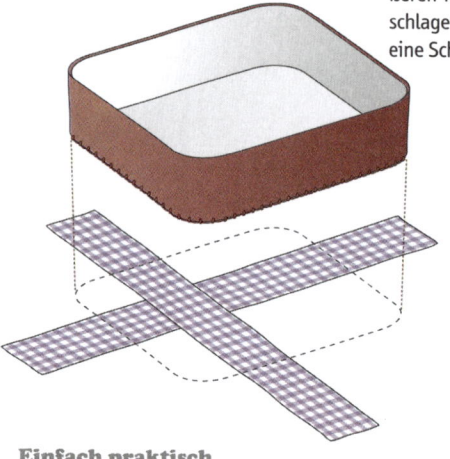

4 Mit einer Nähnadel und farblich passendem Nähgarn die in Schritt 2 angefertigte Schleife auf die Bandkreuzung nähen, dabei durch alle Lagen hindurchstechen.

5 Den Magnet in der Ecke des Nadelkissens platzieren, die der Schleife gegenüberliegt, und festkleben. Den Klebstoff trocknen lassen.

 6 Mit einer Nähnadel und farblich passendem Nähgarn das verbleibende Filzquadrat mit Schlingstichen an die freie Kante des Randstreifens nähen. Vor Ende der Naht das Nadelkissen mit Karborundsand füllen (siehe Seite 115), dann die Schlingstichnaht vollends schließen.

Einfach zum **Anbeißen**

✻ Donut-Nadelkissen ✻ Patchwork-Kürbis

✻ Fliegenpilz ✻ Tortenstück

✻ Kleine Erdbeere ✻ Die perfekte Birne

✻ Erbsenschote

Donut-**Nadelkissen**

Dieser kleine Donut ist zuckersüß und einfach hinreißend. Ich habe rosafarbenen „Zuckerguss" und silberfarbene „Streu-Deko" verwendet, aber Sie können auch beliebige andere Farben verwenden, die Ihnen den Mund wässrig machen.

Das brauchen Sie

Zirkel

Schere, Nähnadel, Sticknadel mit Spitze, Perlnadel, Stecknadeln

Textilmarker, selbstlöschend

Woll-Polyacryl-Filz in Braun, 2 Quadrate, 10 cm x 10 cm

Woll-Polyacryl-Filz in Bonbonrosa, 1 Quadrat, 10 cm x 10 cm

Vorlage „Donut-Nadelkissen (Zuckerguss)" (Seite 123)

Baumwollsticktwist in Bonbonrosa

Perlennähgarn in Bonbonrosa

Stäbchen- und Rocailleperlen in Silber

Nähgarn in Braun

Füllwatte

Stricknadel, stumpf, oder dünnes Essstäbchen

 1 Mit dem Zirkel einen Kreis mit einem Radius von 5 cm auf Papier aufzeichnen. Die Zirkelspitze an derselben Stelle wie zuvor lassen und einen inneren Kreis mit 1,5 cm Radius aufzeichnen, damit eine Donut-Ringform entsteht. Mithilfe dieser Vorlage 2 Donuts aus braunem Filz zuschneiden. Aus rosafarbenem Filz mithilfe der Zuckerguss-Schablone (Seite 123) 1x die Zuckergussform ausschneiden.

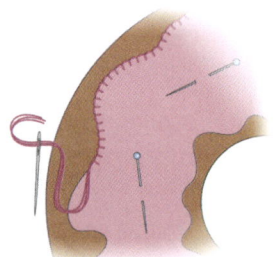

2 Den rosafarbenen Zuckerguss mittig auf einen der braunen Donuts stecken und entlang der Innen- und Außenkanten mit dreifädigem Sticktwist und einer dünnen, spitzen Sticknadel mit Schlingstichen (siehe Seite 111) aufnähen.

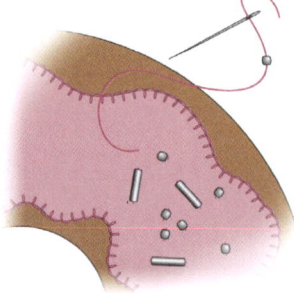

 3 Mit Perlennähgarn und Perlnadel Stäbchen- und Rocailleperlen auf den „Zuckerguss" nähen, dabei zufällige Gruppen bilden, um einen optimalen Effekt zu erzielen.

4 Die dekorierte Oberseite und den zweiten braunen Filzring links auf links aufeinanderstecken und mit der Nähnadel und braunem Nähgarn mit kleinen, dicht nebeneinander gearbeiteten Schlingstichen rund um den inneren Kreis zusammennähen.

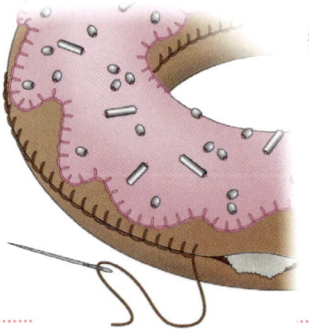

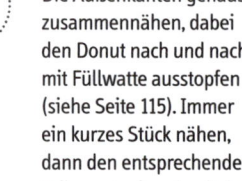 **5** Die Außenkanten genauso zusammennähen, dabei den Donut nach und nach mit Füllwatte ausstopfen (siehe Seite 115). Immer ein kurzes Stück nähen, dann den entsprechenden Teil ausstopfen, damit der Donut am Ende gleichmäßig gefüllt ist.

Variante

Der Riesen-Donut ist nicht nur ein Nadelkissen, sondern zugleich ein praktischer Utensilo für Nähzubehör. Er hat einen äußeren Radius von 8 cm und einen inneren Radius von 3,5 cm und wird wie der kleine Donut gearbeitet. Allerdings ist der „Zuckerguss" orange und wird mit rosa- und orangefarbenen Perlen verziert. Den fertigen Donut mit der Oberseite nach unten hinlegen und einen Filzkreis mit 11,5 cm Durchmesser auf die mittlere Öffnung legen. Diesen Filzboden mit Nähgarn und Schlingstichen an den Donut nähen.

Patchwork-**Kürbis**

Dieses Nadelkissen ist so gestaltet, dass es wie ein dicker Kürbis aussieht. Wählen Sie dafür verschiedene Baumwolldrucke. Ich habe dreierlei Stoffe verwendet, aber Sie können genauso gut zwei oder vier verschiedene Muster einsetzen.

Das brauchen Sie

Zirkel

Papier für den Schnitt

Schere, Nähnadel, Puppennadel oder lange Stopfnadel, Stecknadeln

Baumwollstoff, bedruckt, 16 Quadrate, 7 cm x 7 cm

Filz in Braun, 1 Rechteck, 3 cm x 3,5 cm

Filz in Grün, 1 Quadrat, 3 cm x 3 cm

Vorlage „Patchwork-Kürbis (Blatt)" (Seite 123)

Nähmaschine

Nähgarn, farblich passend zu den Stoffen und zum braunen Filz

Bügeleisen

Füllwatte

Stricknadel, stumpf, oder dünnes Essstäbchen

Perlgarn

Textilkleber

1 Mit dem Zirkel auf Papier einen Kreis mit einem Radius von 6 cm aufzeichnen. Mithilfe dieser Vorlage aus jedem Baumwolldruckstoff einen Kreis ausschneiden. Jeden Kreis mittig falten und bügeln, dann entlang der eingebügelten Linie auseinanderschneiden. Jeden Halbkreis wieder zur Hälfte falten, bügeln und entlang des Falzes durchschneiden: Sie haben nun jeden Stoffkreis in 4 Viertel geteilt. Gehen Sie dabei sehr genau vor, denn es erleichtert später die Arbeit, wenn alle Teile gleich groß sind.

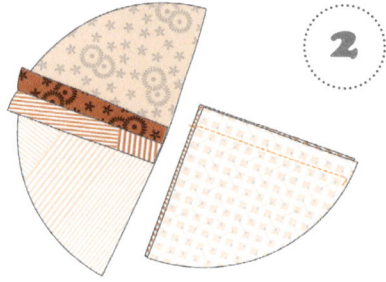

2 Die Nähmaschine auf einen kurzen Geradstich einstellen. 2 unterschiedlich gemusterte Viertelkreise rechts auf rechts aufeinanderstecken und entlang einer geraden Kante mit 1 cm Nahtzugabe zusammennähen. Die Nahtzugaben auseinanderbügeln. Diesen Schritt noch 3x wiederholen, sodass 4 Halbkreise entstehen.

3 Jeweils 2 Halbkreise rechts auf rechts zusammenstecken und entlang der geraden Kante zusammennähen, sodass 2 vollständige Kreise entstehen. Die beiden Kreise rechts auf rechts aufeinanderstecken, sodass unterschiedlich gemusterte Viertelkreise aneinanderstoßen und die Nähte aufeinandertreffen.

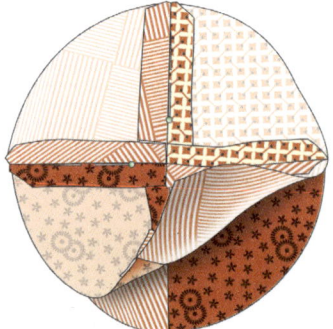

4 Die Kreise bis auf eine kleine Öffnung zum Wenden rundum mit 1 cm Nahtzugabe zusammennähen. Entlang der Naht kleine Keile aus der Nahtzugabe schneiden (siehe Seite 116).

5 Das Nadelkissen auf rechts wenden. Die Naht nicht bügeln, jedoch die Kanten entlang der Wendeöffnung einschlagen und bügeln. Das Nadelkissen mit Füllwatte ausstopfen (siehe Seite 115), sodass es gut gefüllt, aber nicht prall ist. Die Öffnung im Matratzenstich schließen (siehe Seite 111).

6 Ein langes Stück Perlgarn (Länge = ca. 4x der Umfang der Stoffkugel) in eine lange Nadel einfädeln (eine Puppennadel ist ideal, aber auch eine lange, spitze Stopfnadel eignet sich). 10 cm vom Fadenende entfernt einen dicken Knoten schlingen. Die Nadel durch die Mitte des Nadelkissens am Kreuzungspunkt der 4 Viertel ein- und ausstechen. Den Faden bis zum Knoten durchziehen.

7 Die Nadel über der Naht zwischen 2 benachbarten Viertelkreisen um die Außenseite des Nadelkissens führen und an derselben Stelle wie zuvor durch die Mitte des Nadelkissens stechen. Den Faden so fest wie möglich anziehen. Diesen Vorgang auf der gegenüberliegenden Seite und über den verbleibenden 2 Nähten dazwischen wiederholen, um das Nadelkissen in 4 Sektoren aufzuteilen, die jeweils durch eine straffe Fadenlinie begrenzt werden.

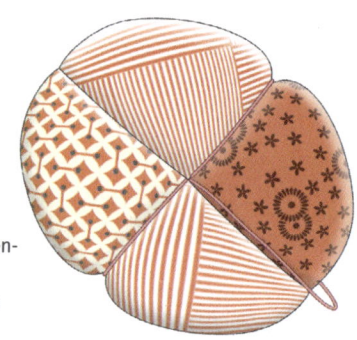

 8 Schritt 7 zwischen den bereits eingezogenen Fäden jeweils wiederholen, sodass 8 Sektoren entstehen. Einen Stich zurück durch das Nadelkissen arbeiten und das Fadenende mit dem Anfangsfaden sehr fest verknoten.

Gleichmäßige Achtel Ziehen Sie den Faden jedes Mal gleich fest an, damit die Achtelkreis-Sektoren so gleichmäßig wie möglich ausfallen.

 9 Auf eine Seite des braunen Filzrechtecks Textilkleber dünn auftragen, das Rechteck so fest wie möglich aufrollen und mit einem Klebestreifen in Form halten, bis der Klebstoff getrocknet ist. Dann das obere und untere Ende des Röllchens (= Stängel) mit der Schere glatt und gleichmäßig zuschneiden.

 10 Mithilfe der Vorlage für das Blatt (Seite 123) ein Blatt aus grünem Filz ausschneiden.

 11 Das Blatt in der oberen Mitte des Kürbis platzieren und den braunen Stängel darauf setzen. Mit braunem Nähgarn und winzigen Stichen das Ende des Stängels durch das Blatt hindurch an den Kürbis nähen.

Füllmaterial
Dieses Nadelkissen ist mit Füllwatte ausgestopft, weil es sehr schwammartig weich sein muss, um mit dem Perlgarn zusammengezogen werden zu können (siehe Seite 115). Durch das Zusammenziehen und Abteilen der Sektoren wird das Nadelkissen sehr fest.

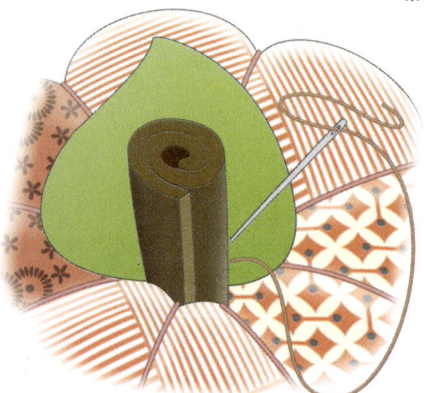

Fliegenpilz

Wer hätte je gedacht, dass ein Fliegenpilz so niedlich sein könnte! Dieser hier ist es auf jeden Fall. Arbeiten Sie das hier gezeigte Gesicht nach oder drücken Sie Ihrem Nadelkissen mit einem individuell gestalteten Gesicht Ihren eigenen Stempel auf.

1 Mithilfe der Vorlagen (Seite 123) 4 Teile für die Oberseite des Pilzhutes und 1 Teil für die Unterseite aus rotem Filz zuschneiden. Aus weißem Filz 2x den Stiel und 1x die Unterseite des Hutes zuschneiden, dabei nur an der äußeren Kontur entlangschneiden, sodass ein Kreis entsteht. Mit dem Zirkel einen Kreis mit einem Radius von 2,25 cm auf weißen Filz aufzeichnen und ausschneiden. Für die Augen einen winzigen und einen größeren Kreis aus türkisfarbenem Filz sowie für die Tupfen 9 kleine Kreise unterschiedlicher Größe aus weißem Filz schneiden.

Das brauchen Sie

Vorlagen „Fliegenpilz" (Seite 123)

Textilmarker, selbstlöschend

Woll-Polyacryl-Filz in Rot, 4 Quadrate, 6 cm x 6 cm, und 1 Quadrat, 8,5 cm x 8,5 cm

Woll-Polyacryl-Filz in Weiß, 2 Rechtecke, 7,5 cm x 4,5 cm, 1 Quadrat, 8,5 cm x 8,5 cm, und 1 Quadrat, 5 cm x 5 cm

Filzrest in Türkis

Baumwollstoff, 1 Quadrat, 5 cm x 5 cm

Schere, Nähnadel, Sticknadel mit Spitze, Stecknadeln

Zirkel

Nähgarn in Rot, Weiß, Türkis und Schwarz

Baumwollsticktwist in Weiß und Rot

2 winzige schwarze Rocailleperlen

Sand

Füllwatte

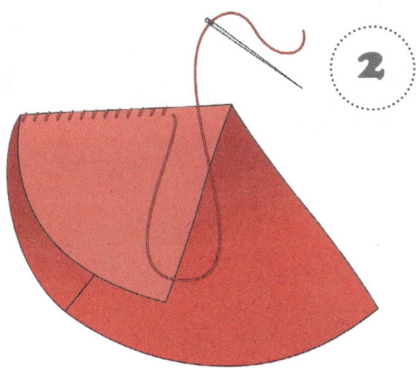

2 Die Teile für die Hutoberseite rechts auf rechts mit einer dünnen Nähnadel, rotem Nähgarn und überwendlichen Stichen (siehe Seite 111) entlang der geraden Kanten zusammennähen. Den Hut auf rechts wenden.

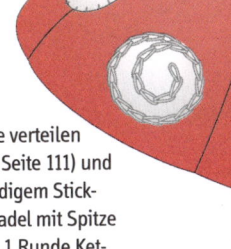

3 Die weißen Kreise auf der Hutoberseite verteilen und mit winzigen Spannstichen (siehe Seite 111) und weißem Nähgarn aufnähen. Mit dreifädigem Sticktwist in Weiß und einer dünnen Sticknadel mit Spitze rund um die Außenkante jedes Kreises 1 Runde Kettenstiche sticken, die sich im Inneren des Kreises in einer kleinen Spirale fortsetzt.

4 Mit rotem Nähgarn und winzigen Vorstichen (siehe Seite 110) die rote Hutunterseite entlang der wellenförmigen Innenkante auf die weiße Filzscheibe für die Hutunterseite nähen. Den weißen Filz entlang der Außenkante bis auf 2 mm zum roten Filz zurückschneiden.

 5 Mit türkisfarbenem Nähgarn und Spannstichen die Augen auf eines der Teile für den Stiel nähen. Einen Spannstichstern in die Mitte des größeren Auges sticken. Mit schwarzem Nähgarn und gegebenenfalls mit einer Perlnadel je eine Rocailleperle in die Mitte beider Augen nähen, dabei die Perle flach wie ein „O" aufnähen. Über jedem Auge einen kurzen Spannstich als Augenbraue sticken und mittig unten zwischen den Augen einen Knötchenstich (siehe Seite 113) in Rot als Nase arbeiten.

 6 Die beiden Stielteile links auf links mit dreifädigem Sticktwist in Weiß und Schlingstichen (siehe Seite 111) entlang der Seitenkanten zusammennähen. Die Nähte vorsichtig ausformen, damit der Querschnitt des Stiels möglichst kreisförmig wird, und den Stiel mittig unter die Hutunterseite stecken. Den Stiel mit dreifädigem Sticktwist in Weiß und Spannstichen an die Hutunterseite nähen.

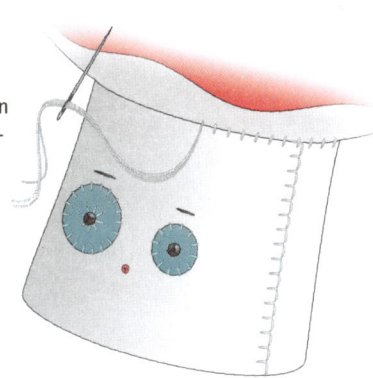

 7 Mit dem Zirkel einen Kreis mit 6 cm Radius auf den Baumwollstoff zeichnen, ausschneiden und die Ränder rundum knappkantig einschlagen. Mit doppeltem weißem Nähgarn kleine Vorstiche rund um diesen Saum arbeiten. Die Stiche so weit zusammenziehen, dass nur eine kleine Öffnung bleibt, und dieses Beutelchen mit Sand füllen. Die Vorstiche fest zusammenziehen und den Faden mit einigen Stichen über die Raffung sichern.

 8 Den oberen Teil des Stiels mit Füllwatte ausstopfen (siehe Seite 115), dann den Sandbeutel mit der gerafften Seite nach oben einlegen. Den weißen Filzkreis auf die Unterseite des Stiels stecken und mit dreifädigem Sticktwist in Weiß und Schlingstichen annähen, dabei nach und nach weiter Füllwatte in die Öffnung stopfen, bis der Stiel gleichmäßig ausgefüllt ist.

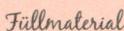

9 Die Hutoberseite entlang der Kanten auf die Hutunterseite stecken. Mit dreifädigem Sticktwist in Rot und Schlingstichen den oberen an den unteren Teil nähen. Vor dem Ende der Naht den Hut – nicht übermäßig fest! – mit Kunstfaser-Füllwatte ausstopfen. Den Hut auf einer Seite nach unten drücken, damit er eine kecke Schräglage bekommt.

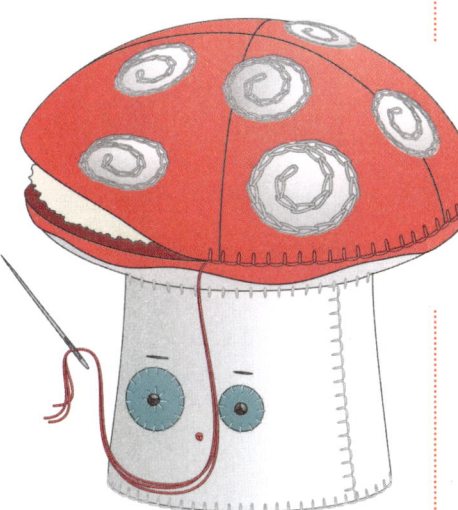

Füllmaterial

Dieses Nadelkissen ist überwiegend mit Füllwatte ausgestopft (siehe Seite 115), um den Pilzhut so leicht wie möglich zu halten. Ein Sandbeutel beschwert den Stiel und sorgt für Standfestigkeit.

Tortenstück

Dies ist ein Stück Torte mit Himbeerfüllung und rosa Zucker-guss. Mit dunkelbraunem Feinkord und einem gelb gemuster-ten Stoff wird eine Schokoladentorte mit Zitronenguss daraus. Oder wählen Sie ganz andere Farben – passend zu Ihrer Lieblingstorte.

Das brauchen Sie

Vorlage „Tortenstück" (Seite 124)

Textilmarker, selbstlöschend

Baumwollstoff, gemustert,
1 Streifen, 35 cm x 7 cm,
1 Quadrat, 14 cm x 14 cm,
1 Rechteck, 14 cm x 9,5 cm, und
1 Streifen, 24 cm x 3 cm

Feinkord, 1 Rechteck,
24 cm x 10,5 cm

Filz, 3 Quadrate, 14 cm x 14 cm

Zackenlitze, extra breit, 26 cm

Schere, Nähnadel, Stecknadeln

Bügeleisen

Heftgarn

Nähmaschine

Nähgarn, farblich zu den Stoffen und der Zackenlitze passend

Füllwatte

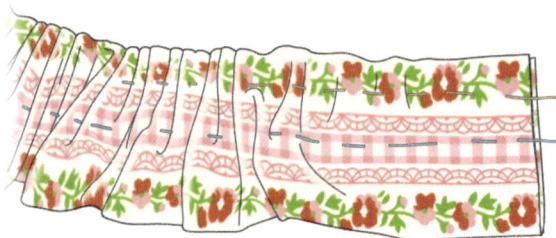

1 Die Schmalseiten des 35 cm x 7 cm großen Stoffstreifens 2 cm breit zur linken Stoffseite einschlagen und bügeln. Den Streifen der Länge nach zur Hälfte zusammenlegen und bügeln. Mit Heftgarn 2 Reihen Vorstiche (siehe Seite 110) über die ganze Länge arbeiten: eine Reihe 5 mm oberhalb der offenen Längskante und eine 1 cm oberhalb der 1. Reihe. Die Fäden anziehen, sodass eine 10,5 cm lange Rüsche entsteht. Die Fadenenden verknoten.

2 Mithilfe der Vorlage von Seite 124 die Form des Tortenstücks aus dem quadratischen Stück Baumwollstoff zuschneiden. Die offenen Kanten der Rüsche mittig rechts auf rechts an die gerun-dete Kante der Tortenoberseite stecken. Die Nähmaschine auf einen Geradstich mittlerer Länge einstellen und die Rüsche mit 1 cm Naht-zugabe an die Tortenoberseite nähen. Die Reih-fäden entfernen.

3 Die gerundete Kante der Tortenoberseite so an das 14 cm x 9,5 cm große Rechteck aus Baumwollstoff (= Tortenrück-seite) stecken, dass die Rüsche zwischen beiden Lagen gefasst wird. Die Nähmaschine auf einen kurzen Gerad-stich einstellen und die Teile zusammennähen.

Füllmaterial

Dieses Nadelkissen ist mit Füllwatte ausgestopft: So wird die Form gut gefüllt, ohne sich zu verziehen (siehe Seite 115).

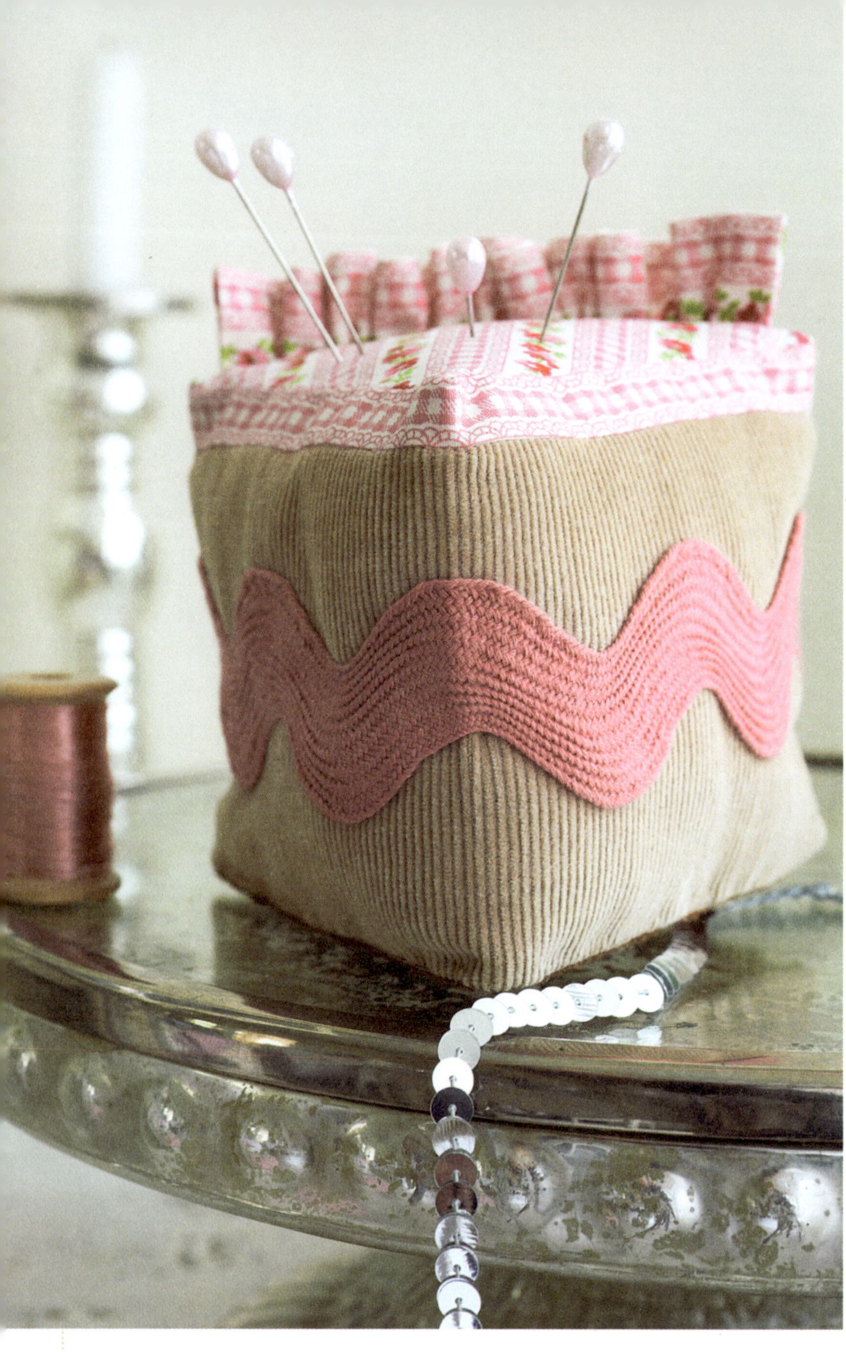

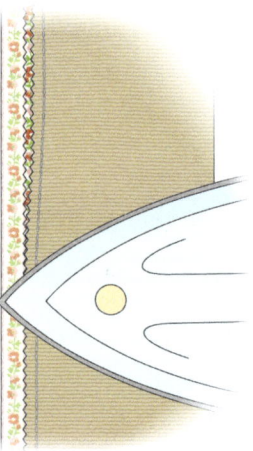

4

Das letzte Stück Baumwollstoff rechts auf rechts an eine Längsseite des Feinkord-Rechtecks nähen, aufklappen und bügeln, dabei die Nahtzugabe nach oben bügeln (dieses Teil wird von nun an als Seitenteil bezeichnet).

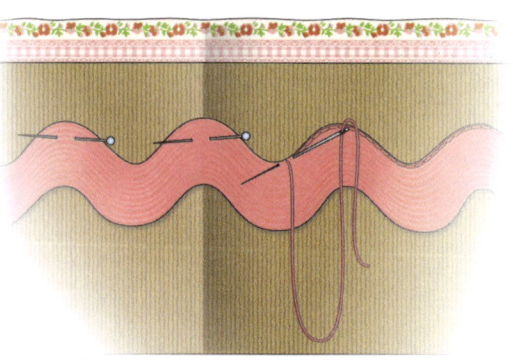

5

Die Zackenlitze so auf das Seitenteil stecken, dass die Oberkante der Wellen 2 cm unterhalb der Naht liegt, die Baumwoll- und Kordstoff verbindet. Die Zackenlitze mit kurzen Rückstichen (siehe Seite 111) entlang beider Kanten aufnähen. Das Seitenteil links auf links quer zur Hälfte falten und den Falz bügeln, dann das Seitenteil wieder öffnen.

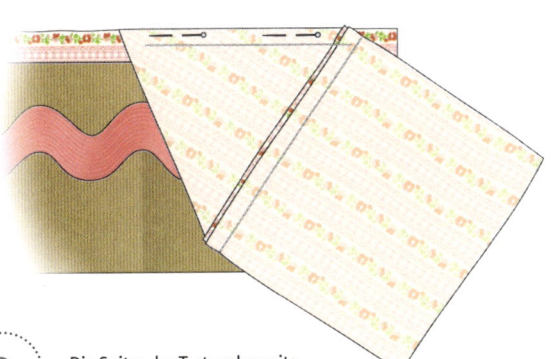

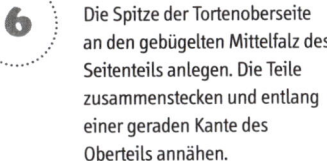

6 Die Spitze der Tortenoberseite an den gebügelten Mittelfalz des Seitenteils anlegen. Die Teile zusammenstecken und entlang einer geraden Kante des Oberteils annähen.

7 Die andere Hälfte der Seitenteil-Oberkante an die andere Kante des Oberteils nähen. Dazu müssen Sie die Nahtzugabe an der Spitze des Seitenteils einknipsen.

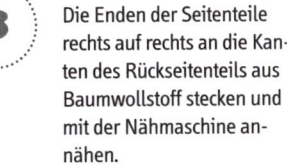

8 Die Enden der Seitenteile rechts auf rechts an die Kanten des Rückseitenteils aus Baumwollstoff stecken und mit der Nähmaschine annähen.

9 Das Tortenstück auf rechts wenden, dabei alle Ecken und Spitzen sorgfältig ausarbeiten. Rund um die Unterkante einen 1 cm breiten Saum einschlagen.

10 Die Vorlage entlang der gestrichelten Linie abschneiden und danach 3 Tortenstück-Formen aus Filz zuschneiden. 2 dieser Formen zu einer doppelten Lage aufeinanderlegen und oben in das Tortenstück einlegen, sodass die Kanten unter den Nahtzugaben platziert werden. Das 3. Teil in die untere Öffnung des Tortenstücks einpassen und mit Schlingstichen (siehe Seite 111) an Seiten- und Rückseitenteil annähen. Bevor die Öffnung ganz geschlossen ist, das Tortenstück mit Füllwatte füllen, aber nicht zu stark ausstopfen, damit die Form sich nicht verzieht. Dann die Öffnung vollends zunähen.

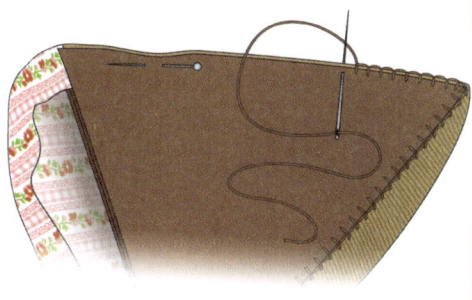

Tortenstück

Kleine **Erdbeere**

Dieses traditionelle Nadelkissen ist mit Karborundsand gefüllt, damit Ihre Näh- und Stecknadeln glänzend und spitz bleiben. Zackenlitze verleiht dem Früchtchen eine frische Note.

Das brauchen Sie

Vorlage „Kleine Erdbeere" (Seite 124)

Schere, Nähnadel, Stecknadeln

Textilmarker, selbstlöschend

Samt in Rosa, 2 Rechtecke, 11 cm x 10 cm

Filz in Grün, 1 Quadrat, 5 cm x 5 cm

Zackenlitze in Grün, 35 cm

Zackenschere

Zirkel

Nähmaschine

Nähgarn, farblich zu Stoff und Filz passend

Perlennähgarn, farblich zum Stoff passend

Rocailleperlen in Grün

Stricknadel, stumpf, oder dünnes Essstäbchen

Schnapsglas oder Espressotasse

Karborundsand

Kapok

Fransenstopp („Fray Check" von Prym)

 1 Mithilfe der Vorlage (Seite 124) 2x die Erdbeerform aus Samt zuschneiden. Beide Teile rechts auf rechts aufeinanderstecken. Die Nähmaschine auf einen Geradstich mittlerer Länge einstellen und beide Teile entlang der gerundeten Kanten knappkantig zusammennähen. Die gerade Kante bleibt offen. Die Nahtzugaben mit der Zackenschere zurückschneiden.

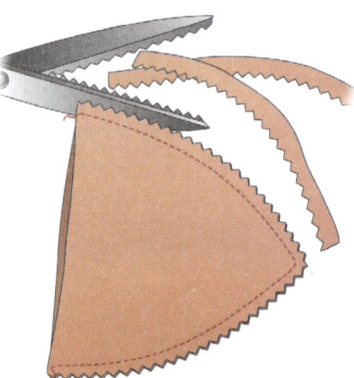

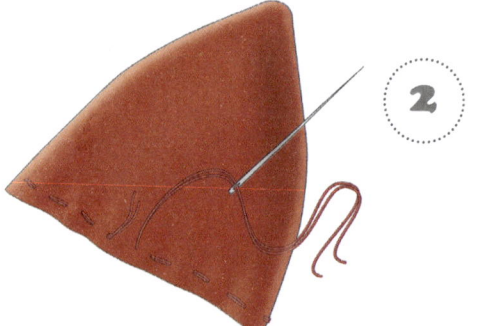

 2 Die Erdbeere auf rechts wenden, dabei die Spitze mit dem stumpfen Ende einer Stricknadel oder einem Essstäbchen ausarbeiten. Perlennähgarn (wegen der Festigkeit) in eine Nähnadel einfädeln, doppelt nehmen und die Fadenenden verknoten, dabei ein kurzes Ende hängen lassen. Auf der rechten Seite der Arbeit beginnen und enden und 1 Reihe Vorstiche (siehe Seite 110) rund um den oberen Rand der Erdbeere, jedoch nicht zu knapp an der Kante, arbeiten.

3 Die Erdbeere in ein Schnapsglas oder in eine Espressotasse stellen und mit Karborundsand füllen. Den Sand so weit wie möglich nach unten schütteln, damit die Erdbeere möglichst fest wird. Bis ca. 1 cm unter dem Reihfaden Karborundsand einfüllen, darüber Kapok schichten.

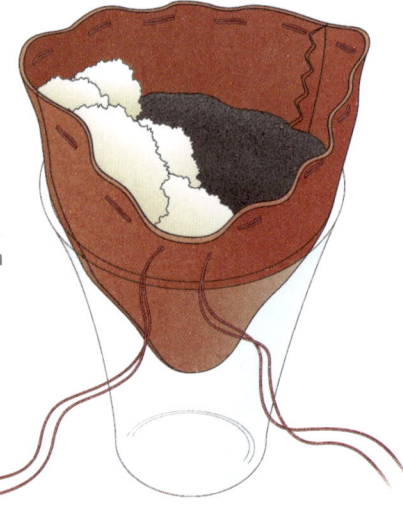

4 Die Reihfäden anziehen, um die obere Öffnung der Erdbeere über der Kapokfüllung zusammenzuziehen. Bevor sich die Öffnung ganz schließt, noch so viel Kapok wie möglich in die Erdbeere schieben, damit sie möglichst fest wird. Die Reihfäden zusammenziehen und die Fadenenden fest verknoten.

Füllmaterial

Dieses Nadelkissen ist vorwiegend mit Karborundsand gefüllt. Nur im oberen, grünen Ende steckt ein bisschen Kapok (siehe Seite 115).

Kleine Erdbeere

5 Ein 8 cm langes Stück Zackenlitze zur Hälfte falten und mit grünem Nähgarn ca. 1 cm von den Enden entfernt zur Schlaufe zusammennähen. Die Enden auseinanderfalten und auf dem oberen Ende der Erdbeere über der Raffung annähen.

Perlen aufnähen Die Samenkörnchen einer Erdbeere bilden kein bestimmtes Muster, deshalb können Sie die Perlen ganz nach Belieben verteilen. Aber nähen Sie nicht zu viele auf, damit sie den Nadeln nicht im Weg sind.

6 Einen Kreis mit 4,5 cm Durchmesser aus grünem Filz zuschneiden und einen winzigen Schlitz in die Mitte einschneiden. Den Schlitz über die Schlaufe aus Zackenlitze ziehen, sodass der Filzkreis das eingereihte Ende der Erdbeere überdeckt. Den Filzkreis mit grünem Nähgarn und winzigen Spannstichen (siehe Seite 111) annähen, dabei gelegentlich kleine Falten einlegen, damit der Kreis sich der Form der Erdbeere sauber anpasst.

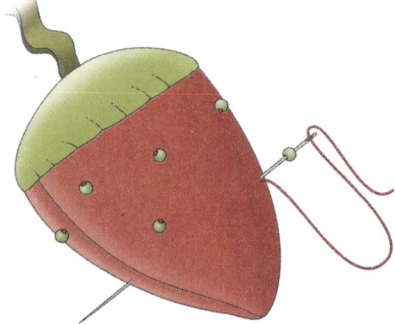

7 Perlennähgarn in der Farbe des Samtes in eine Perlnadel einfädeln. Den Faden unter der Kante des Filzkreises vernähen. Dann die Nadel durch die Erdbeere stechen und 1 grüne Rocailleperle aufnehmen. Die Nadel direkt neben der Ausstichstelle wieder ein- und durch die Erdbeere hindurchstechen; an der Stelle ausstechen, an der die nächste Perle sitzen soll. Den Faden so fest wie möglich anziehen und so fortfahren, bis die gewünschte Zahl an Perlen aufgenäht ist. Die Nadel wieder nach oben zurückführen und den Faden unter dem Filz vernähen.

8 Das Ende der Zackenlitze rechtwinklig abschneiden und mit Fransenstopp betupfen. Dann das Ende so zur linken Seite umfalten, dass die Wellen übereinanderliegen, und mit einigen Stichen sichern. Dieses versäuberte Ende an einer Naht der Erdbeere anlegen und die Zackenlitze mit grünem Faden über die Naht zwischen Filz und Samt nähen. Das andere Ende genauso versäubern, wie beschrieben. Etwas weiter oben auf dem grünen Filz eine 2. Runde Zackenlitze aufnähen.

Die perfekte **Birne**

Ein elegantes Nadelkissen, das sich ausgesprochen edel auf Ihrem Arbeitstisch ausnimmt. Wenn Sie das Modell besonders mögen, können Sie eine überdimensionale Birne nähen, mit Sand füllen und als Türstopper verwenden.

1 Die Vorlage für die Birne (Seite 125) auf die 6 Stoffrechtecke übertragen und ausschneiden. Sie können nach Belieben für alle Teile den gleichen Stoff oder aber verschieden gemusterte Stoffe verwenden. Ich habe einen einzigen Stoff verwendet, aber für 3 der Formen gedreht, sodass das Streifenmuster im 90-Grad-Winkel zu den anderen 3 Formen verläuft. Die Vorlage für das Blatt auf den Filz übertragen und ausschneiden.

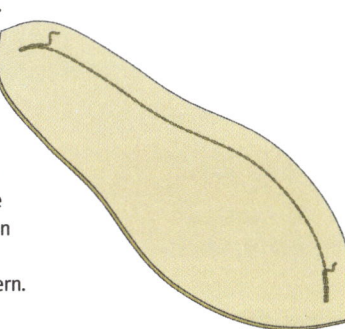

2 2 Birnenteile rechts auf rechts aufeinanderstecken. Die Nähmaschine auf einen Geradstich mittlerer Länge einstellen und die Teile an einer Seite mit 1 cm Nahtzugabe von oben nach unten zusammennähen. Anfang und Ende der Naht durch einige Rückstiche sichern.

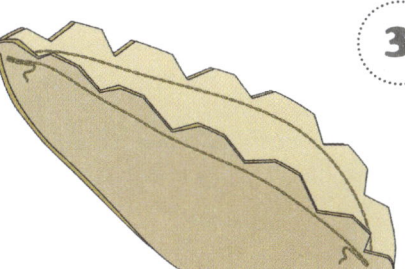

3 Ein 3. Birnenteil rechts auf rechts an die freie Kante eines der beiden anderen Teile stecken und die Naht schließen, wie bei Schritt 2 beschrieben. Aus den Nahtzugaben an den Rundungen kleine Keile schneiden (siehe Seite 116). Die übrigen 3 Birnenteile genauso zusammennähen, sodass Sie nun 2 Birnenhälften haben.

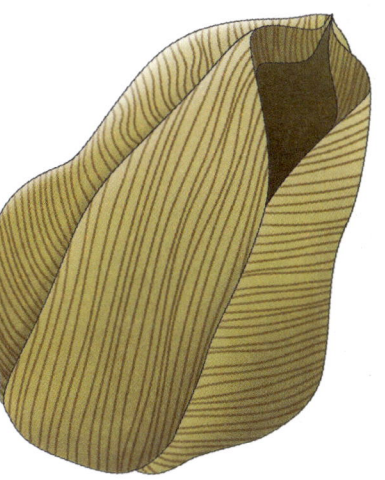

4 Beide Hälften rechts auf rechts aufeinanderstecken. Eine Naht schließen, wie oben beschrieben, die andere nur zu 2 Dritteln von unten nach oben schließen. Die Nahtzugaben an den Rundungen einschneiden und die Birne auf rechts wenden. Die Nahtzugaben entlang der Öffnung umbügeln.

Das brauchen Sie

Vorlagen „Die perfekte Birne" (Seite 125)

Schere, Nähnadel, Sticknadel mit Spitze, Stecknadeln

Textilmarker, selbstlöschend

Baumwollstoff, 6 Rechtecke, 16 cm x 7 cm

Filz in Grün, 1 Rechteck, 10 cm x 5 cm

Nähmaschine

Nähgarn, farblich zum Stoff passend

Füllwatte

1 kleiner Zweig

Baumwollsticktwist, farblich zum Filz passend

Füllmaterial

Dieses Nadelkissen ist mit Füllwatte und etwas Sand als zusätzliches Gewicht gefüllt. Wer mag, kann die Birne aber auch mit Kapok oder ungesponnener Wolle ausstopfen (siehe Seite 115).

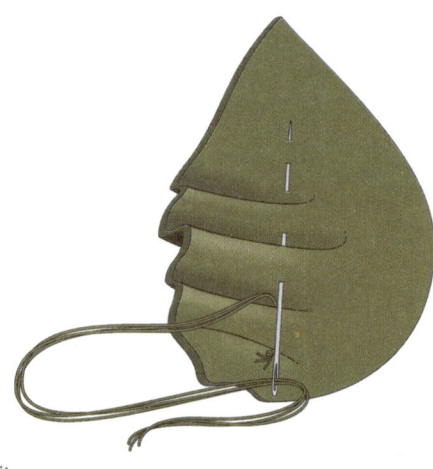

5 Den unteren Teil der Birne mit Kunstfaserfüllwatte ausstopfen, dann etwa 6 Esslöffel Sand darüber einfüllen, damit das Nadelkissen Gewicht bekommt. Den oberen Teil der Birne wieder mit Kunstfaserwatte füllen und die Öffnung nach und nach mit Saumstichen (siehe Seite 111) schließen. An der Spitze ein Ende des Zweiges in die Öffnung stecken und die Birne rundherum zunähen. Einige Vorstiche in den Stoff rund um das untere Ende des Zweiges arbeiten und den Stoff fest zusammenziehen, um den Zweig zu fixieren.

6 Dreifädigen Sticktwist in die Sticknadel mit Spitze einfädeln und eine Reihe Vorstiche (siehe Seite 110) knapp neben der vertikalen Mitte des Filzblattes arbeiten; auf der linken Seite des Blattes beginnen und enden. Den Faden fest anziehen, um den Filz ein wenig einzureihen, und vernähen.

Stiel-Alternative
Wenn Sie möchten, können Sie Ihre Birne auch mit einem Stiel aus gerolltem Filz versehen, wie beim Patchwork-Kürbis auf Seite 92 beschrieben.

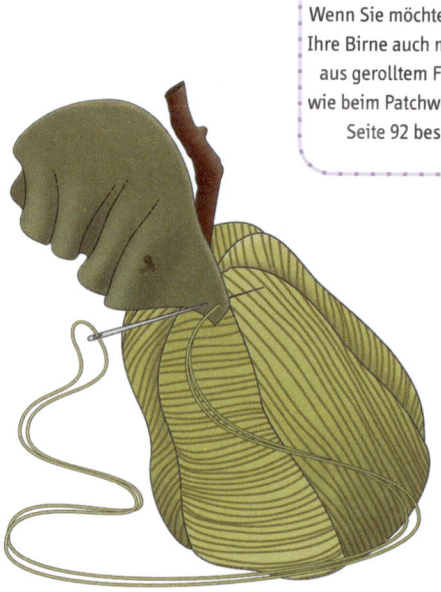

7 Das Blatt zusammenlegen und die Blattspitze mit doppeltem Nähgarn rechts auf rechts ans obere Ende der Birne nähen. Das Blatt nach unten klappen, sodass die rechte Seite außen liegt, und mit einigen Stichen über die Vorstiche auf der Rückseite an der Birne fixieren.

Erbsenschote

Diese niedliche Erbsenschote sieht so frisch und appetitlich aus, dass man sie am liebsten anknabbern möchte, und sie ist zugleich ein großartiger Aufbewahrungsort für Näh- und Stecknadeln.

Das brauchen Sie

5g ungesponnene Wolle in Grün

Geschirrspülmittel

Warmes Wasser

Wollfilz in Grün, 2 Rechtecke, 8 cm x 2 cm, und 2 Rechtecke, 10 cm x 3 cm

Bügelvlies, doppelseitig haftend, 3 Rechtecke, 8 cm x 2 cm

Vorlagen „Erbsenschote" (Seite 125)

Bügeleisen

Textilmarker, selbstlöschend

Schere, Nähnadel, Sticknadel mit Spitze, Stecknadeln

Feine Stickwolle in Lindgrün

Textilkleber

1 Ein kleines Stück ungesponnene Wolle zu einer lockeren Kugel wickeln. Etwas Spülmittel auf den Händen verteilen und die Kugel zwischen den Handflächen rollen. Die Hände in warmes Wasser tauchen und die Kugel schneller und fester rollen. Die Hände immer wieder eintauchen und die Kugel rollen, bis sie fest und rund ist. Das dauert nur einige Minuten. Experimentieren Sie ein wenig mit den Kugelgrößen: Sie brauchen 3 Kugeln mit einem Durchmesser von etwa 1,5 cm und 2 Kugeln mit einem Durchmesser von ca. 1 cm. Die Kugeln unter kaltem Wasser abspülen und trocknen lassen.

2 Die beiden kleineren Filzrechtecke mit doppelseitig haftendem Bügelvlies zu einem dickeren Filzteil verbinden. Sorgfältig bügeln, damit die Teile wirklich fest aufeinander haften. Mithilfe der Schablonen (Seite 125) 1 Bodenteil aus dem dickeren Filzrechteck und 2 Seitenteile aus den beiden übrigen Rechtecken schneiden.

3 Ein Stück feine Stickwolle in eine dünne Sticknadel mit Spitze einfädeln. Die beiden Seitenteile an einem Ende der geraden Kante mit einem einzelnen Stich verbinden. Das Bodenteil an die gerade Kante eines Seitenteils anlegen und beide Teile mit Schlingstichen (siehe Seite 111) zusammennähen.

4 Das andere Seitenteil ebenfalls mit Schlingstichen annähen. Es ist hilfreich, Stecknadeln durch die Seitenteile in den Boden zu stecken, um die Teile während des Nähens zusammenzuhalten, aber achten Sie darauf, sich nicht an den Stecknadelspitzen zu stechen. Den Faden nicht abschneiden.

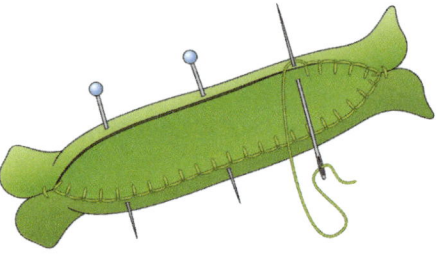

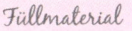
Füllmaterial

Dieses Nadelkissen kommt ohne spezielles Füllmaterial aus: Die Nadeln werden einfach in die Erbsen gesteckt, die aus ungesponnener Wolle gefilzt werden (siehe Seite 115).

5 Etwas Textilkleber auf die Unterseite jeder Filzerbse tupfen und die Erbsen in der Schote anordnen. Die beiden kleinen Erbsen sitzen am Anfang und am Ende der Schote. Den Klebstoff trocknen lassen.

6 Die Enden der beiden Seitenteile mit Schlingstichen verbinden, dann Schlingstiche entlang einer Oberkante der Schote arbeiten. Jedes Mal, wenn Sie eine Erbse erreichen, einige Schlingstiche in die Erbse arbeiten, um sie mit der Schote zu verbinden. Das andere Ende der Schote zusammennähen und zum Schluss auch die andere Oberkante der Schote mit Schlingstichen umsticken und dabei die Erbsen mit annähen.

Techniken

Vorlagen auf den Stoff übertragen

Auf Seite 117–125 finden Sie die Vorlagen für die Nadelkissen in diesem Buch, die Sie auf den Stoff übertragen müssen, wenn Sie das Modell originalgetreu nacharbeiten wollen.

Wenn nur die Kontur einer Form übertragen werden muss, können Sie die Vorlage fotokopieren (alle Vorlagen sind in Originalgröße abgedruckt und müssen nicht vergrößert werden) und ausschneiden. Die Vorlage auf den Stoff legen oder stecken und mit selbstlöschendem Textilmarker („Trickmarker") umfahren. Verwenden Sie auf keinen Fall einen gewöhnlichen Faserschreiber oder Bleistift, denn dann könnten die Linien dauerhaft sichtbar bleiben und Ihr Modell ruinieren. Die Form aus Stoff ausschneiden.

Wenn Sie Markierungen von der Vorlage auf den Stoff oder Filz übertragen müssen – zum Beispiel die Details der Puppengesichter von Seite 34 –, gibt es mehrere Möglichkeiten und allerlei käufliche Hilfsmittel. Ich variiere ganz einfach eine sehr traditionelle Technik und finde, das funktioniert gut: Mit einer ziemlich dicken, spitzen Nadel (zum Beispiel einer Krüwellnadel) Löcher entlang der Linie, die Sie übertragen wollen, ins Papier stechen. Achten Sie darauf, jeweils an den äußersten Enden der Linien und an allen Ecken Löcher einzustechen. Diese Vorlage auf den Stoff legen, die Außenkontur umfahren und dann den Textilmarker fest auf die eingestochenen Löcher drücken. Wenn Sie die Vorlage abheben, sollten auf dem Stoff Reihen kleiner Punkte zu sehen sein, die Sie zu den Linien verbinden können, die Sie brauchen.

Nähstiche

Die folgenden Stiche brauchen Sie, um die Nadelkissen zusammenzunähen. Manche davon sind darüber hinaus auch dekorativ, sodass Sie damit ein hübsches und praktisches Ergebnis erzielen.

VORSTICH
Der allereinfachste Stich überhaupt, der aber nie seinen Reiz verliert.

Bei A aus-, bei B ein- und bei C wieder ausstechen. Diesen Vorgang fortlaufend wiederholen und die Nadel entlang der Nählinie auf und ab durch den Stoff führen. Die Stiche gleich lang und in gleichmäßigen Abständen zueinander arbeiten.

DURCHZOGENER VORSTICH
Eine hübsche Variante des einfachsten Stichs.

Eine Reihe Vorstiche arbeiten (siehe linke Spalte). Einen Faden in einer Kontrastfarbe in eine Nadel ohne Spitze einfädeln und die Nadel auf der rechten Seite der Arbeit am Beginn der Vorstichreihe von oben nach unten unter dem 1. Stich und unter allen folgenden Stichen durchführen, ohne in den Stoff einzustechen. Den Faden vorsichtig durchziehen.

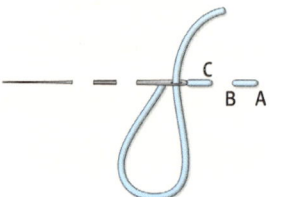

SPANNSTICH

Mit diesen winzigen Stichen lassen sich Filzapplikationen gut aufnähen.

Sehr kleine Stiche nur über die Kante des Teils, das appliziert werden soll, arbeiten. Bei A aus- und bei B einstechen und so rund um das Motiv fortfahren.

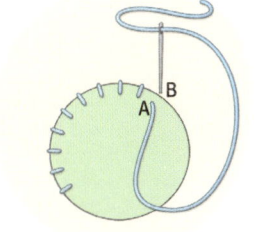

RÜCKSTICH

Der Haupt-Nähstich bis zur Erfindung der Nähmaschine.

Von rechts nach links arbeiten. Bei A aus-, bei B ein- und bei C (eine Stichlänge links von A) wieder ausstechen.

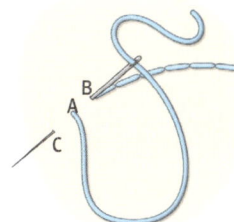

SCHLINGSTICH

Dies ist mein Lieblingsstich beim Handnähen. Er ist schnell zu arbeiten, sieht fantastisch aus und ergibt eine feste Naht.

Bei A aus-, bei B ein- und bei C (direkt unter B) wieder ausstechen, dabei den Faden unter die Nadel-spitze legen. Den Faden durch-ziehen, dann bei D ein- und bei E ausstechen und dabei wieder den Faden als Schlaufe unter die Nadelspitze legen. Wenn Sie 2 Stoffteile verbinden wollen, verfahren Sie genauso, doch liegt der horizontale Faden auf der Stoffkante (siehe Abbildung rechts).

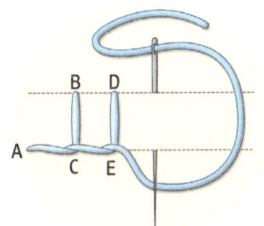

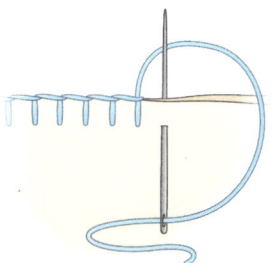

ÜBERWENDLICHER STICH

Dieser schnell zu arbeitende Stich wird zum Verbinden von rechts auf rechts oder links auf links gelegten Stoffteilen verwendet.

Die Stoffteile, die verbunden werden sollen, aufeinanderlegen. Von der Rückseite her nah an der Kante durch beide Lagen ausstechen. Diesen Vorgang wiederholen, dabei die Nadel über die Stoffkante hinweg zur Rückseite führen und ein kurzes Stück weiter vorne wieder ausstechen. Den Faden anziehen, um den Stich abzuschließen. Achten Sie darauf, den Faden nicht als Schlinge unter die Nadelspitze zu legen, sonst wird ein Schlingstich daraus. Wenn Sie die Stoffe links auf links zusammennähen, können Sie den Anfangsknoten zwischen den Lagen verstecken.

MATRATZENSTICH

Dieser Stich eignet sich am besten, um eine letzte Wendeöffnung an einem mit der Maschine oder von Hand genähten Projekt zu schließen.

Die Nahtzugaben entlang der Öffnung nach links einschlagen und mit den Fingern festdrücken. Durch den Falz bei A ausstechen und genau gegenüber auf der anderen Seite der Öffnung bei B wieder einstechen. Einen winzigen Stich innerhalb des Falzes arbeiten und bei C wieder ausstechen.

SAUMSTICH

Mit diesem Stich können Sie gesäumte Applikationen aus Stoff aufnähen.

Einen winzigen Stich durch den Trägerstoff arbeiten, dann die Nadel durch die gefaltete Kante des Applikationsteils ein- und etwa 5 mm weiter vorne wieder ausstechen.

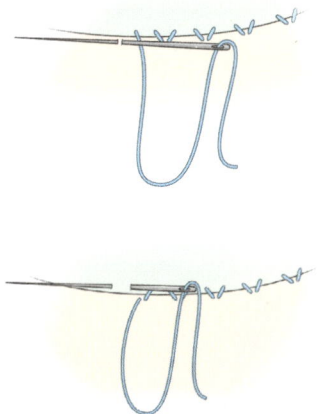

Zierstiche

Diese reizvollen – aber nicht schwierig zu arbeitenden – Zierstiche werden für manche der Projekte verwendet. Wenn Sie einen der Stiche noch nie zuvor gestickt haben, sollten Sie ihn auf einem Stoffrest ausprobieren, bevor Sie mit Ihrem Projekt beginnen.

PERLEN-SCHLINGSTICH

Dieser Stich verbindet Stoffkanten auf dekorative Weise – und ist auch noch überraschend schnell und leicht zu arbeiten.

Der Stich wird gearbeitet wie der Schlingstich (siehe Seite 111), doch vor dem Durchstechen des Stoffs wird eine Perle aufgefädelt. Die Perle dicht an den zuletzt gearbeiteten Stich schieben, dann einen möglichst kleinen Stich durch den Stoff machen. Den Arbeitsfaden als Schlinge unter die Nadelspitze legen – dabei darauf achten, dass die Perle nicht nachrutscht – und den Faden anziehen, sodass die Perle auf der Stoffkante sitzt.

DOPPELTER PERLEN-SCHLINGSTICH

Diese Variante des Perlen-Schlingstichs ergibt eine noch schönere Zierkante.

Wie beim Perlen-Schlingstich (siehe linke Spalte) arbeiten, jedoch von vorne nach hinten in den Stoff einstechen. Vor dem Durchziehen der Nadel 2 Perlen auffassen. Einen Stich in der Länge mindestens einer Perlenbreite durch den Stoff machen und den Faden durchziehen, sodass eine kleine Schlinge entsteht. Die Nadel durch die Schlinge führen und darauf achten, dass die Perle auf der anderen Seite des Bogens sitzt. Den Faden anziehen: Nun sitzt eine Perle auf der Stoffkante und die andere auf dem „Bein" des Stichs.

BARGELLO-STICH

Dies ist ein schlichter Stich aus der Straminstickerei und mithin einfach zu arbeiten. In der Mitte des Straminstücks beginnen und nach links außen weitersticken. Dann zur Mitte zurückkehren und nach rechts außen sticken. Die 1. Reihe teilt das Muster für den Rest der Arbeit ein.

Eine Reihe versetzter Spannstiche arbeiten, dabei bei A aus-, bei B ein-, bei C aus- und bei D wieder einstechen und so weiter. Alle Stiche müssen gleich lang sein.

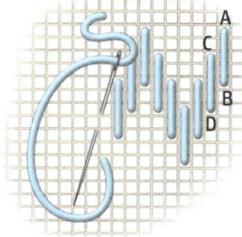

Die folgenden Reihen oberhalb und unterhalb der mittleren Reihe genauso arbeiten.

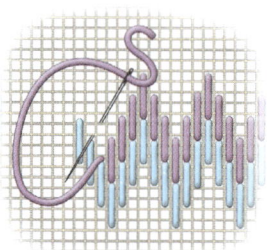

KETTENSTICH

Dieser Stich ist einfach zu arbeiten und verzeiht mangelnde Erfahrung, ist also ideal für Stick-Neulinge.

Bei A ausstechen und den Faden zur Schlinge legen. Bei A wieder ein- und bei B ausstechen, dabei die Fadenschlinge unter die Nadelspitze legen. Den Faden durchziehen.

Bei B ein- und bei C ausstechen, dabei den Faden wieder als Schlinge unter die Nadelspitze legen. Auf diese Weise fortfahren und alle Stiche gleich lang arbeiten. Um den letzten Stich der „Kette" zu fixieren, die Nadel außerhalb der Schlinge noch einmal einstechen, sodass ein kurzer Spannstich entsteht.

MARGERITENSTICH

Margeritenstiche – einzelne
Kettenstiche – lassen sich zu
hinreißenden Blüten
zusammensetzen.

Arbeiten, wie beim Kettenstich
beschrieben (siehe Seite 112), dabei
innerhalb der Schlinge aus- und
außerhalb wieder einstechen, sodass die Schlinge
durch einen kleinen Spannstich fixiert wird.

Bei A aus- und bei B einstechen,
sodass ein horizontaler Stich
entsteht. Bei C in der Mitte
zwischen A und B ausstechen,
die Nadel schräg nach rechts
oben führen, bei D ein- und bei E
ausstechen.

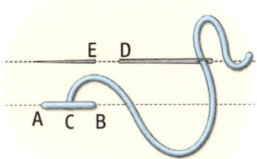

OFFENER KRETISCHER STICH

Dieser Stich sieht schwieriger aus, als er
ist. Lassen Sie sich nicht abschrecken!

Bei A aus-, bei B ein- und bei C
wieder ausstechen, dabei den Faden
unter die Nadelspitze legen.

Bei D ein- und bei E ausstechen und
wieder den Faden unter die Nadelspitze
legen. Weiter im Wechsel nach unten und
nach oben stechen.

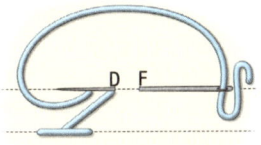

Die Nadel nach rechts führen,
bei F ein- und bei D ausstechen.

ZACKENSTICH

Ein traditioneller Stich, der immer fantastisch aussieht..

Die Nadel schräg nach unten
führen, bei G einstechen, bei H
ausstechen und bei I wieder
einstechen. Auf diese Weise
weitersticken.

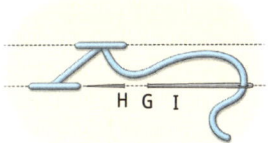

FEDERSTICH

Dieser Stich, ebenfalls einer meiner Lieblingsstiche, ist sehr vielseitig
und eignet sich für reizvolle Details.

Bei A aus, bei B ein- und bei C
ausstechen, dabei den Faden
unter die Nadelspitze legen.
(Die Abstände zwischen A
und B sowie zwischen B
und C sollten gleich groß
sein.)

Bei D ein- und bei E
ausstechen, dabei wieder den
Faden unter die Nadelspitze legen.
Weiter im Wechsel nach links und rechts sticken.

KNÖTCHENSTICH

Üben Sie diesen Stich auf einem Stoffrest,
bevor Sie ihn für Ihr Modell
verwenden, um die richtige
Fadenspannung zu finden.

Bei A ausstechen, den Faden
2x fest um die Nadel wickeln
und bei A wieder einstechen.
(Am einfachsten geht das,
wenn Sie die Wicklungen mit
dem Daumennagel der freien Hand
andrücken.) Die Nadel und den
Arbeitsfaden langsam und sorgfältig durch die
Wicklungen ziehen, damit ein kleiner Knoten entsteht.

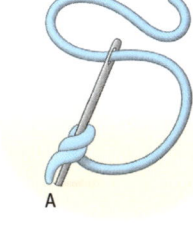

FLIEGENSTICH

Diese niedlichen kleinen Stiche können einzeln oder in Gruppen gearbeitet werden.

Bei A aus- und bei B einstechen, dabei den Faden als Schlinge auf dem Stoff liegen lassen. Innerhalb der Schlinge bei C (in der Mitte unterhalb von A und B) aus- und bei D außerhalb der Schlinge einstechen.

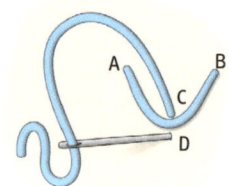

PLATTSTICH

Ein weiterer klassischer Zierstich, der immer nützlich ist.

Bei A aus- und bei B einstechen. Bei C aus- und bei D einstechen und so weiter, dabei die Stiche so dicht nebeneinander arbeiten, dass dazwischen kein Stoff durchschimmert.

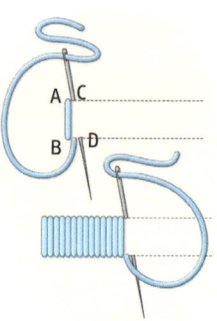

PERLSTICH

Der traditionelle Stich für Gobelinstickereien auf Stramin.

Rechts oben beginnen. Bei A aus- und bei B einstechen, sodass ein schräg nach oben weisender Stich über ein Fadenkreuz des Stramins entsteht. Bei C, 2 vertikale Gewebefäden weiter links und 1 horizontalen Gewebefaden weiter unten, ausstechen und von dort aus den nächsten Stich arbeiten. Die nächste Reihe von links nach rechts sticken, dabei aus den bereits in der 1. Reihe durchstochenen Gewebekaros ausstechen.

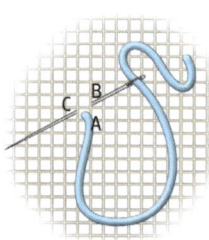

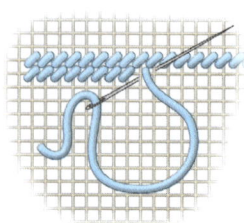

PARISER STICH

Dieser Straminstich arbeitet sich schnell und ergänzt den Bargellostich perfekt.

Rechts oben beginnen und von rechts nach links arbeiten. Bei A aus- und bei B einstechen, dann bei C aus- und bei D einstechen, dabei im Wechsel kurze und lange Stiche arbeiten.

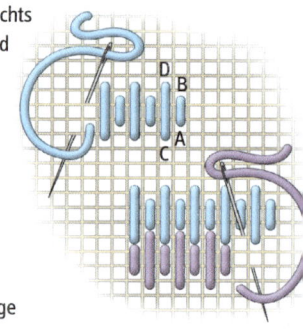

Die nächste Reihe von links nach rechts arbeiten und unter die langen Stiche der 1. Reihe kurze Stiche, unter die kurzen lange Stiche setzen.

STIELSTICH

Mein Lieblingsstich für Konturen – leicht und schnell zu arbeiten.

Bei A aus- und bei B einstechen, dann, mit dem Faden unter der Nadel, bei C auf halbem Weg zwischen A und B wieder ausstechen. Bei D ein- und bei B am Ende des letzten Stichs ausstechen.

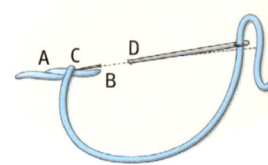

RÜCKSTICH-SPINNE

Diese gerippten Kreise lassen sich ganz leicht sticken und ergeben herrlich wirbelnde Augen.

Mit selbstlöschendem Textilmarker („Trickmarker") einen Kreis in der gewünschten Größe auf den Stoff zeichnen und die Mitte markieren. 6 Spannstiche vom Rand zur Mitte arbeiten, sodass ein Stern entsteht. Die Nadel so nah wie möglich am Mittelpunkt direkt links neben einem Stich ausstechen und unter diesem nächstliegenden Stich hindurch, um den Stich herum und wieder darunter durch führen. Entgegen dem Uhrzeigersinn unter dem nächsten Spannstich durchstechen und wie beim 1. Stich verfahren.

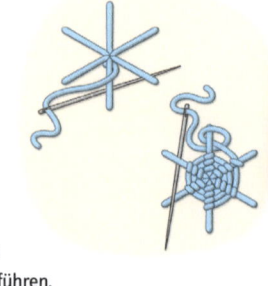

Auf diese Weise rund um den Stern weitersticken, dabei die Nadel immer über den Stich führen, unter dem zuletzt durchgestochen wurde, und unter diesem und dem nächsten Stich durchstechen. Auf diese Weise rundherum weitersticken, bis alle „Speichen" vollständig umstickt sind.

Nadelkissen ausstopfen

Damit Ihr Nadelkissen so gebrauchstüchtig wie möglich wird, sollten Sie kurz darüber nachdenken, womit Sie es füllen wollen. Ich empfehle fünf verschiedene Füllmaterialien: Füllwatte, Kapok, ungesponnene Wolle, feinen Sand und Karborundsand. Jedes davon hat bestimmte Eigenschaften und passt zu manchen Nadelkissen besser als zu anderen. Bei jedem Modell finden Sie einen Hinweiskasten mit Angaben zur Füllung und zu möglichen Alternativen dazu.

Das beste Werkzeug zum Ausstopfen von Ecken und kleinen Formen ist eine Stricknadel mit stumpfer Spitze. Ich verwende eine Stricknadel aus Bakelit. Nehmen Sie keine Metall- oder Bambusstricknadel, denn diese Nadeln sind oft zu spitz; sie durchstechen leicht den Stoff und zerstören auf diese Weise das Nadelkissen. Ein dünnes Essstäbchen ist eine geeignete Alternative zur Stricknadel.

FÜLLWATTE

Dieses Füllmaterial ist in Bastelgeschäften und über das Internet leicht zu beschaffen. Kaufen Sie eine kleine Packung, denn schon mit wenig Füllwatte kommen Sie weit.

Dieses Füllmaterial klumpt leicht. Zupfen Sie deshalb immer nur keine Flocken ab, die Sie mit den Fingern aufbauschen, bevor Sie sie versuchsweise ins Nadelkissen stopfen und eine möglichst klumpenfreie Füllung anstreben. Sie können die Füllwatte recht stark zusammenpressen, sodass das Nadelkissen ziemlich fest wird, oder sie für eine luftig-leichte Füllung lockerer und schwammartiger lassen.

KAPOK

Ebenso wie von Füllwatte brauchen Sie auch von Kapok nur wenig, um ein Nadelkissen zu füllen.

Das natürliche Füllmaterial aus den Fasern der Samenkapseln des Kapokbaumes (Ceiba pentandra) lässt sich gut zusammenpressen und ergibt eine feste, gleichmäßige Füllung. Allerdings kann sie ein bisschen widerspenstig sein, weil die feinen Fasern umherfliegen und an Stoffen hängen bleiben. Trotzdem ziehe ich Kapok synthetischen Fasern vor.

UNGESPONNENE WOLLE

Dies ist ein teureres Füllmaterial für Ihre Nadelkissen, aber es ist in kleinen Mengen leicht zu beschaffen.

Ungesponnene Wolle – als Vlies oder Kardenband – ist natürliche Wolle und kann auf dieselbe Weise wie Kunstfaser-Füllwatte verwendet werden; man zupft kleine Flocken ab und bauscht sie auf, um Klumpen zu vermeiden. Wollvlies lässt sich für eine feste Füllung gut zusammendrücken und ist etwas schwerer als Kunstfaser-Füllwatte oder Kapok. Dieses Material haben wir auch für die Filzkugeln bei einigen Projekten verwendet.

KARBORUNDSAND

Karborund, fachsprachlich als Siliciumcarbid bezeichnet, ist ein raues Pulver, das Ihre Nadeln beim Einstechen in das Nadelkissen reinigt und anspitzt.

Man kann dieses Pulver über das Internet beziehen, allerdings normalerweise nur in ziemlich großen Mengen. Es wird in unterschiedlichen Mahlgraden angeboten; ich verwende eine 60er- oder 80er-Körnung. Zum Einfüllen eignet sich meiner Meinung nach ein kleiner, schmaler Löffel am besten. Karborund ergibt eine schwere, feste Füllung, aber es kann ein bisschen knifflig sein, das Nadelkissen bis zum obersten Rand zu füllen. Deshalb fülle ich es so weit wie irgend möglich und stopfe darüber ein wenig Kapok (oder Kunstfaser-Füllwatte oder ungesponnene Wolle), um die Form vollständig auszufüllen.

FEINER SAND

Diese Alternative zu Karborundsand ist leichter aufzutreiben. Sand hilft auch, die Nadeln sauber und scharf zu halten, allerdings nicht so gut wie das professionelle Material.

Sie brauchen einen feinkörnigen Sand, nicht die Art von Sand, die man zum Anmischen von Zement verwendet. Fragen Sie bei Fachhändlern für Aquarienzubehör oder Baumärkten nach. Ebenso wie Karborund verteilt sich auch Sand überall, und ich fülle ihn am liebsten mit dem Löffelchen ein. Auch hier stopfe ich den obersten Teil des sandgefüllten Nadelkissens mit Kapok aus.

Nahtzugaben einschneiden

Dieser Arbeitsschritt erfordert nur ein paar Minuten, aber Ihre Näharbeiten sehen danach viel professioneller aus, weil die Nähte an Rundungen flach liegen.

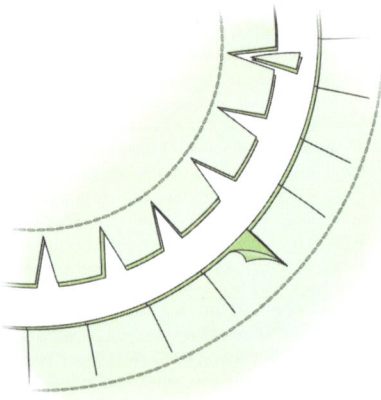

Bei gerundeten Nähten schneiden Sie nach dem Nähen ganz einfach die Nahtzugabe ein und achten dabei darauf, keinesfalls in einen der Stiche zu schneiden. Bei Nähten, die sich nach außen wölben (oben links), schneidet man kleine Keile aus der Nahtzugabe; bei Nähten, die sich nach innen runden, wenn sie auf rechts gewendet sind (oben rechts), genügen kleine Einschnitte.

Stoffschlauch

Stoffschläuche lassen sich am leichtesten mithilfe eines sogenannten Schlauchwenders arbeiten, aber Sie können stattdessen auch einen festen Faden verwenden.

1 Einen Stoffstreifen in der gewünschten Größe zuschneiden, der Länge nach rechts auf rechts zur Hälfte zusammenlegen und -stecken. Die Nähmaschine auf einen kurzen Geradstich einstellen. Die offenen Längskanten zusammennähen, wobei die Nahtzugabe etwa ein Drittel der Breite des gefalteten Streifens beträgt. Den Streifen bügeln.

2 Falls Sie einen Schlauchwender besitzen, schieben Sie ihn nun in den Schlauch, bis er am anderen Ende wieder herauskommt. Den Schnappverschluss des Schlauchwenders in das Stoffende einhaken und den Schlauchwender langsam zurückziehen, sodass die rechte Stoffseite außen liegt. Vielleicht macht der Stoff am Anfang des Wendevorgangs ein bisschen Schwierigkeiten; dann helfen Sie mit den Fingern nach.

3 Wenn Sie keinen Schlauchwender haben, schneiden Sie einen festen Faden 10 cm länger als den Stoffstreifen zu. Den Streifen wie in Schritt 1 beschrieben falten und bügeln. Mithilfe einer Nadel den Faden fest an ein Ende der Faltkante nähen. Den restlichen Faden an der Faltkante entlang in den Stoffstreifen einlegen, sodass er am anderen Ende des Streifens wieder austritt. Den Streifen zusammennähen (siehe oben) und dabei auf keinen Fall den Zugfaden in der Naht mitfassen. Dann langsam und kräftig am Faden ziehen, um den Schlauch auf rechts zu wenden. Auch hier müssen Sie am Anfang vielleicht ein wenig mit den Fingern nachhelfen.

4 Wenn der Schlauch auf rechts gewendet ist, drücken Sie ihn mit den Fingern in Form, sodass die Naht an einer Kante entlangläuft. Den fertigen Schlauch flachbügeln.

Vorlagen

Alle Vorlagen sind in Originalgröße abgebildet und müssen nicht vergrößert werden.

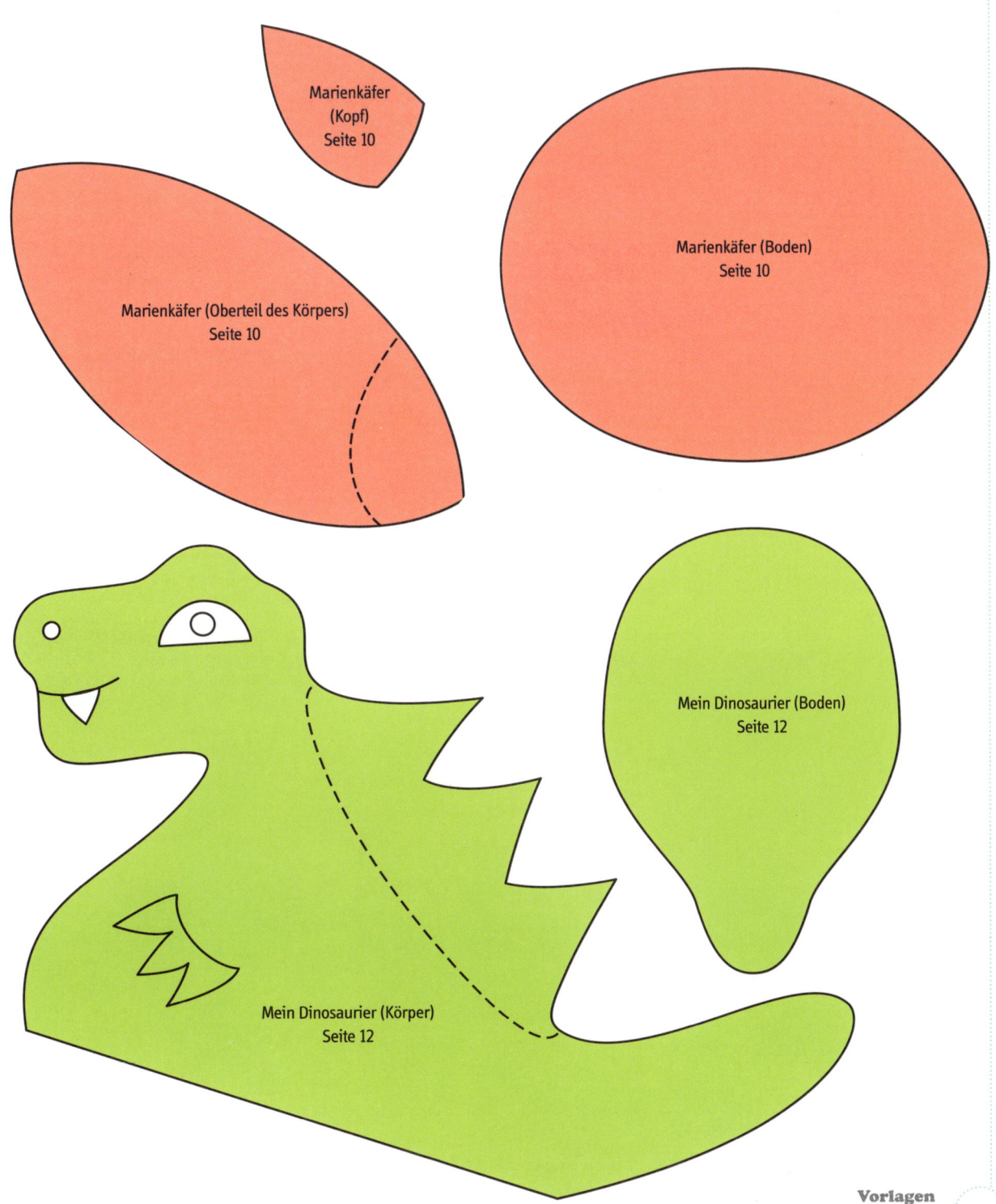

Marienkäfer
(Kopf)
Seite 10

Marienkäfer (Boden)
Seite 10

Marienkäfer (Oberteil des Körpers)
Seite 10

Mein Dinosaurier (Boden)
Seite 12

Mein Dinosaurier (Körper)
Seite 12

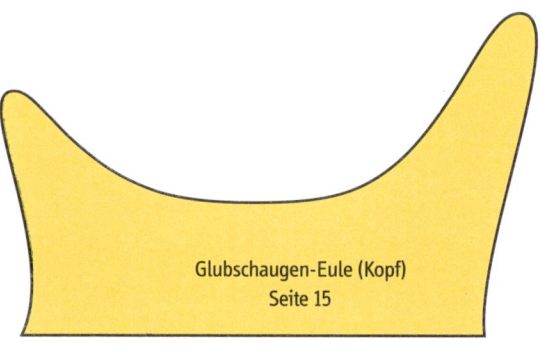

Glubschaugen-Eule (Kopf)
Seite 15

Glubschaugen-Eule (Schnabel)
Seite 15

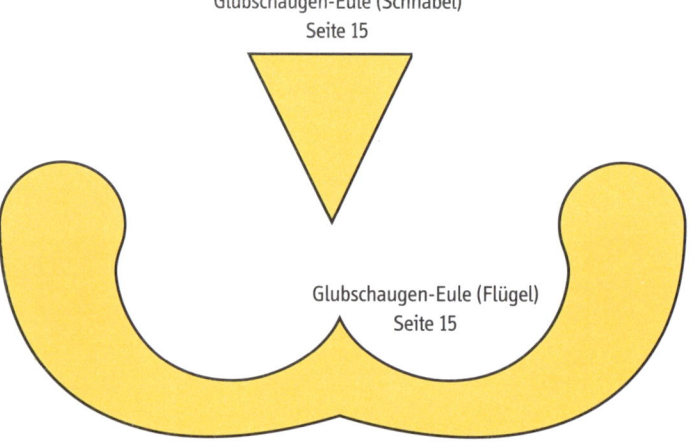

Glubschaugen-Eule (Flügel)
Seite 15

Glubschaugen-Eule (Boden)
Seite 15

Glubschaugen-Eule (Körper)
Seite 15

Glubschaugen-Eule (Auge)
Seite 15

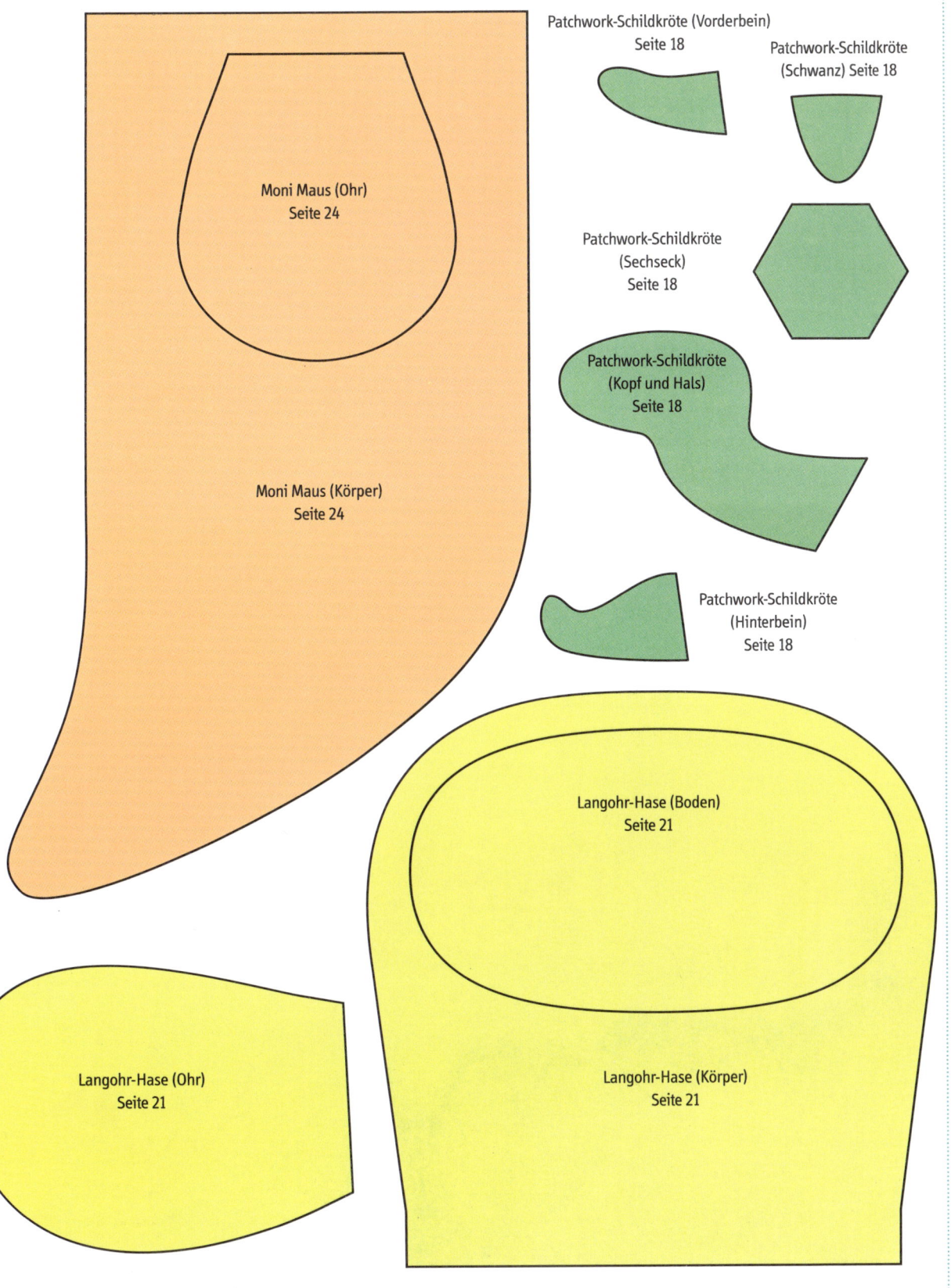

Patchwork-Schildkröte (Vorderbein)
Seite 18

Patchwork-Schildkröte (Schwanz) Seite 18

Moni Maus (Ohr)
Seite 24

Patchwork-Schildkröte (Sechseck)
Seite 18

Patchwork-Schildkröte (Kopf und Hals)
Seite 18

Moni Maus (Körper)
Seite 24

Patchwork-Schildkröte (Hinterbein)
Seite 18

Langohr-Hase (Boden)
Seite 21

Langohr-Hase (Ohr)
Seite 21

Langohr-Hase (Körper)
Seite 21

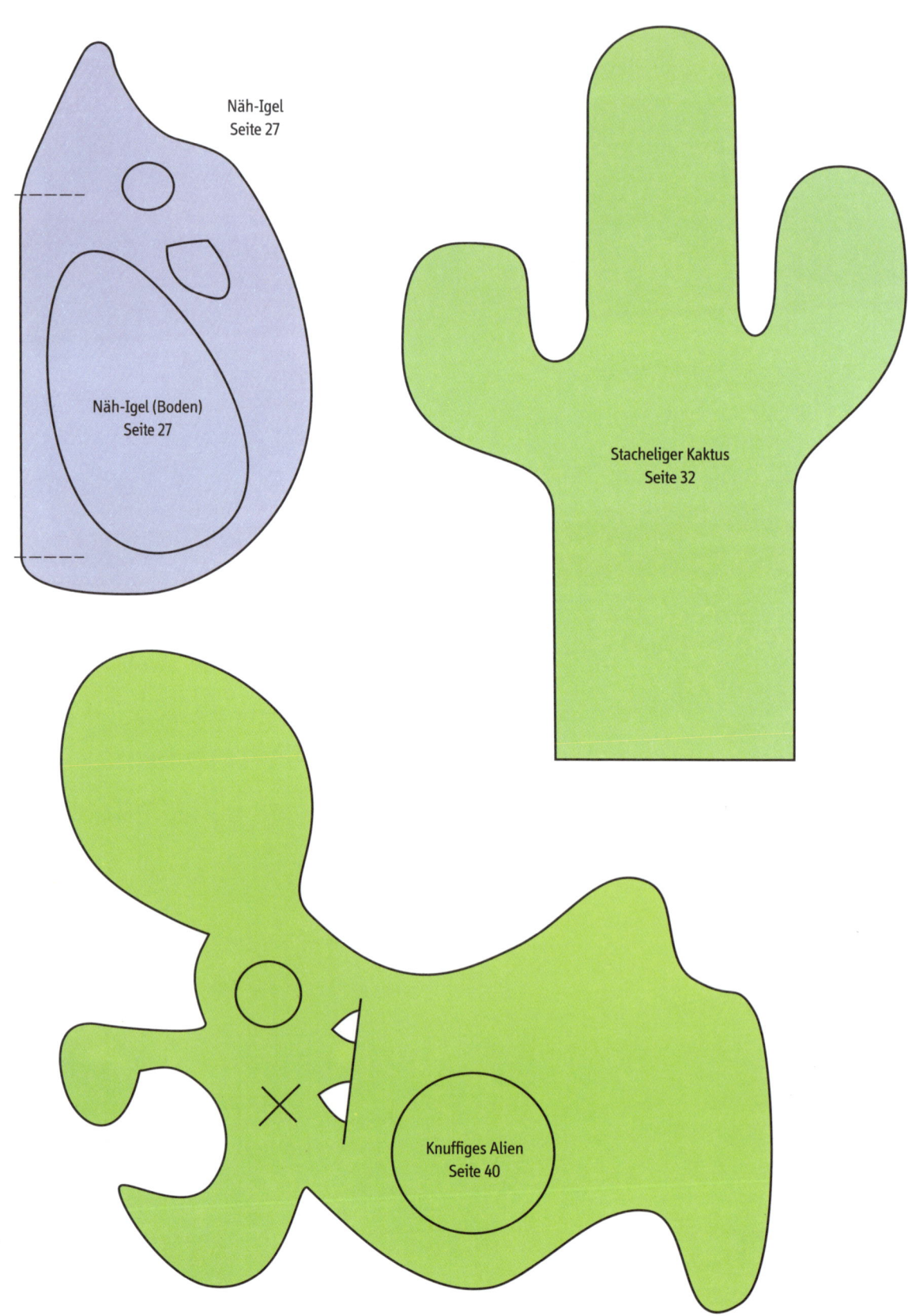

Näh-Igel
Seite 27

Näh-Igel (Boden)
Seite 27

Stacheliger Kaktus
Seite 32

Knuffiges Alien
Seite 40

Matrioschka-Puppe, klein
Seite 34

Matrioschka-Puppe,
klein (Boden)
Seite 34

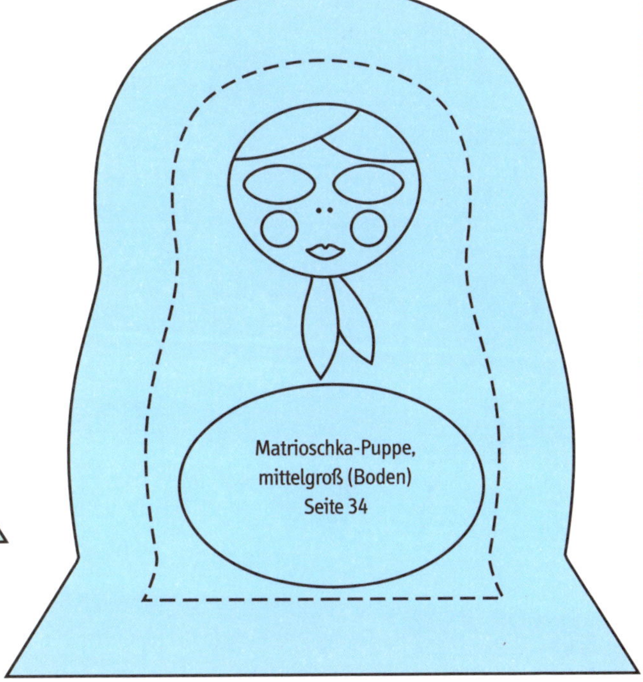

Matrioschka-Puppe,
mittelgroß (Boden)
Seite 34

Matrioschka-Puppe, mittelgroß
Seite 34

Matrioschka-Puppe, groß (Boden)
Seite 34

Matrioschka-Puppe, groß
Seite 34

Vorlagen

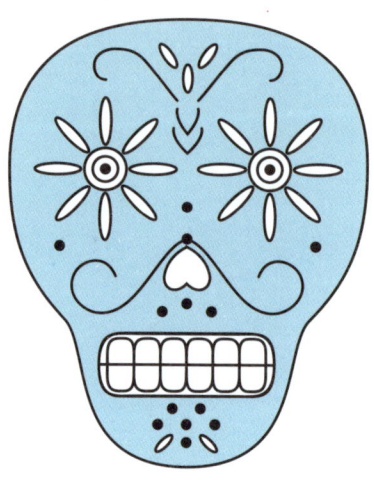

Bestickter Totenkopf
Seite 42

Ein Herz fürs Nähen
Seite 48

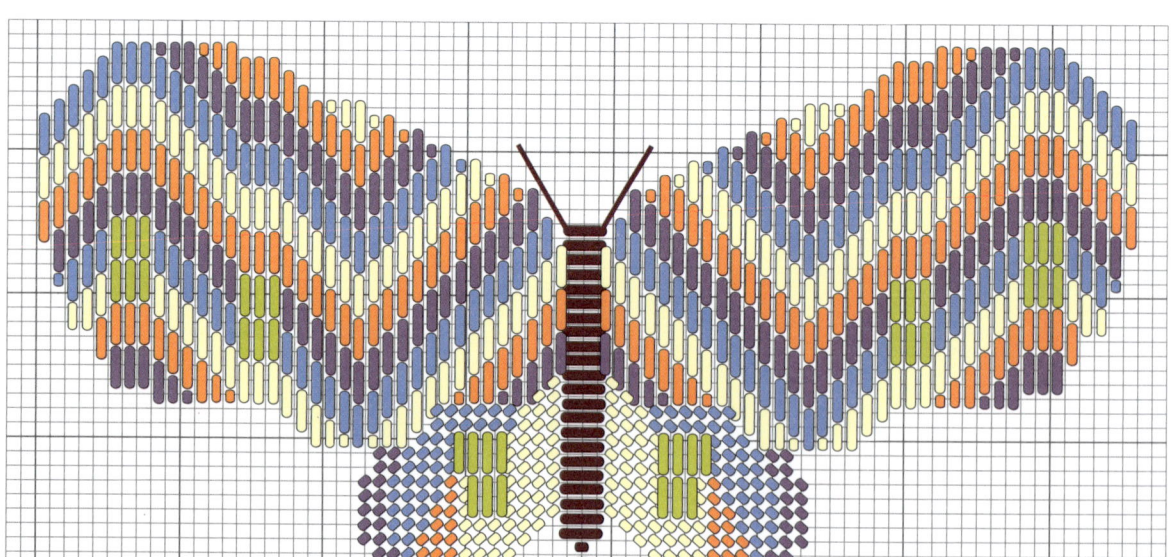

Farbangaben für Anchor Sticktwist

292	303	386
109	274	972

Zählmuster für den Bargello-
Schmetterling
Seite 59

Weihnachtsbaum (Herz)
Seite 54

Schneider-Uhr
Seite 72

Patchwork-Kürbis (Blatt)
Seite 92

Donut-Nadelkissen
(Zuckerguss)
Seite 90

Fliegenpilz (Hut-Oberseite)
Seite 95

Fliegenpilz (Hut-Unterseite)
Seite 95

Fliegenpilz (Stiel)
Seite 95

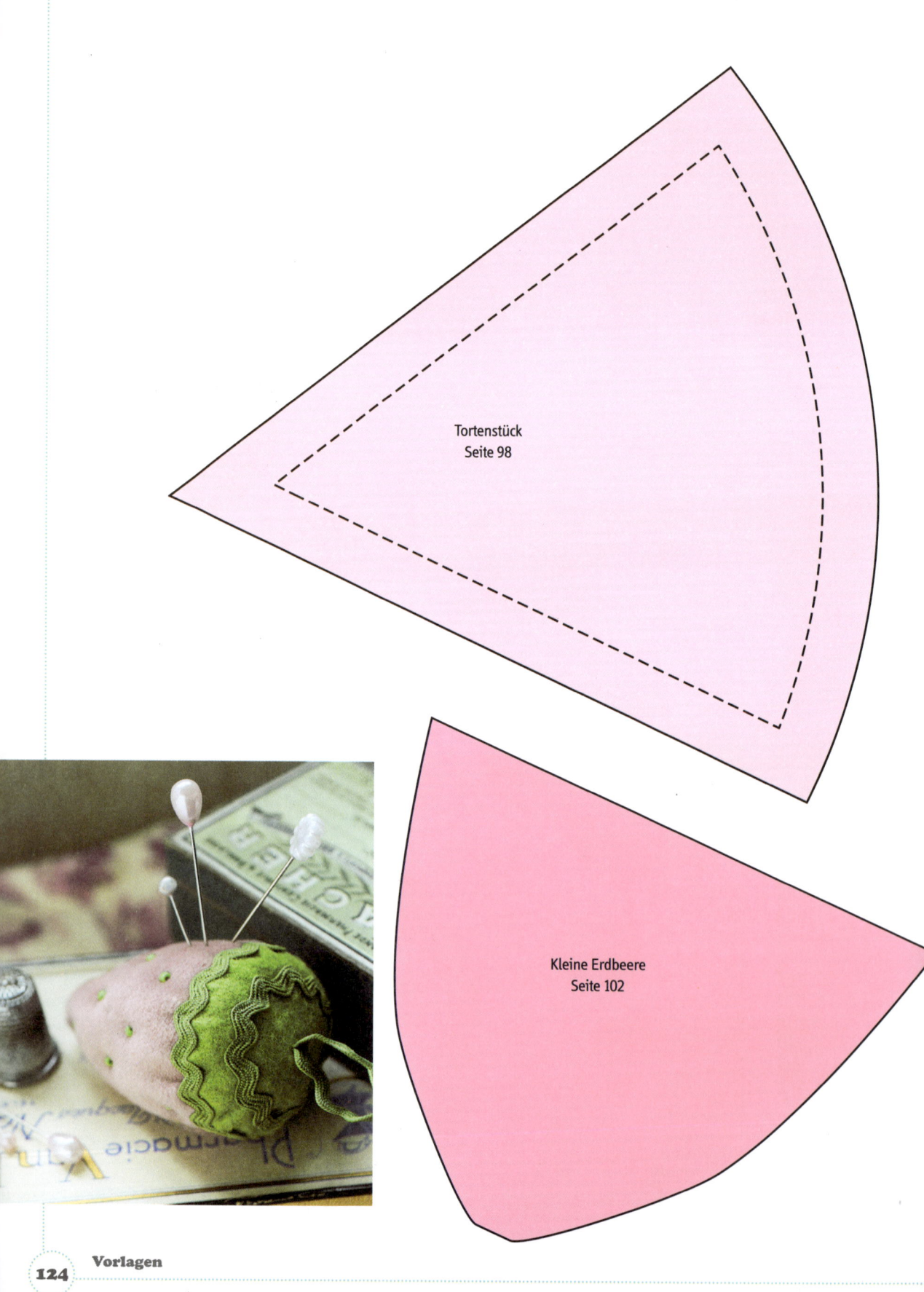

Tortenstück
Seite 98

Kleine Erdbeere
Seite 102

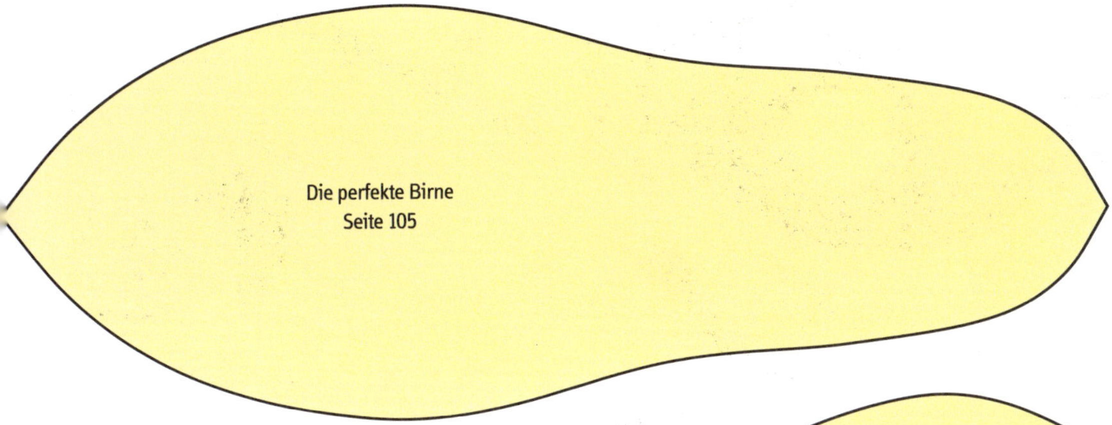

Die perfekte Birne
Seite 105

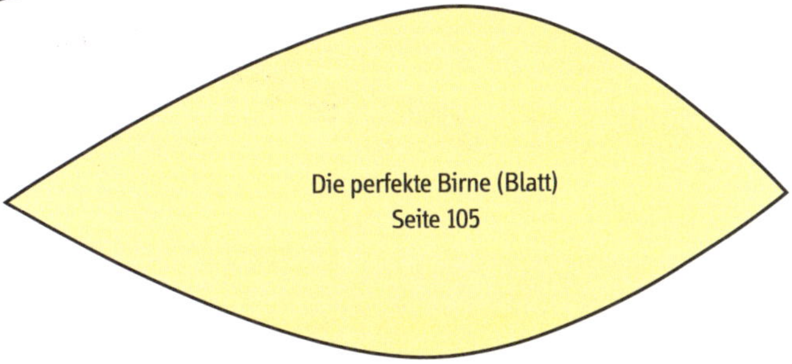

Die perfekte Birne (Blatt)
Seite 105

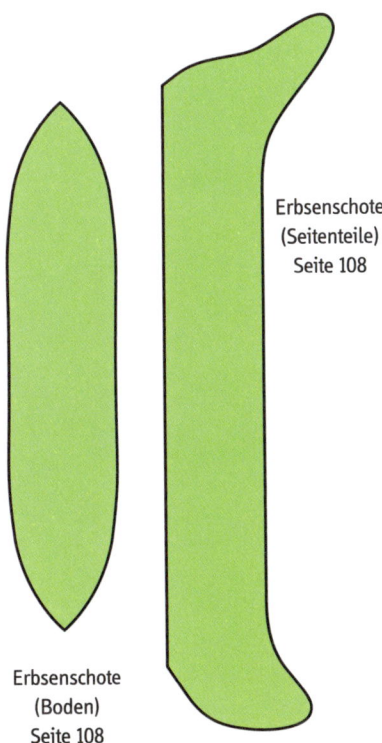

Erbsenschote
(Seitenteile)
Seite 108

Erbsenschote
(Boden)
Seite 108

Bezugsquellen

STOFFE UND STICKTWIST

COATS GMBH, KENZINGEN
www.coatsgmbh.de

JOHANN SWAFING GMBH, NORDHORN
www.swafing.de

KNORRPRANDELL GMBH, LICHTENFELS
www.knorrprandell.com

WESTFALENSTOFFE AG, MÜNSTER
www.westfalenstoffe.de

ZWEIGART UND SAWITZKI
GMBH & CO. KG, SINDELFINGEN
www.zweigart.de

KNÖPFE, PERLEN, STICKGARNE UND WEITERES ZUBEHÖR

AMANN HANDEL GMBH, DIETENHEIM
www.amann-mettler.com

COATS GMBH, KENZINGEN
www.coatsgmbh.de

GÜTERMANN GMBH, GUTACH-BREISGAU
www.guetermann.com

JIM KNOPF GMBH & CO. KG, OFFENBACH A. M.
www.knopfhandel.de

KNORRPRANDELL GMBH, LICHTENFELS
www.knorrprandell.com

PRYM CONSUMER GMBH, STOLBERG
www.prym-consumer.com

RAYHER HOBBY GMBH, LAUPHEIM
www.rayher-hobby.de

UNION KNOPF GMBH, BIELEFELD
www.unionknopf.de

Register

A
Alien, knuffiges 40

B
Bargello-Schmetterling 59
Bargello-Stich 112
Bestickte Nadelkissen
    Bargello-Schmetterling 59
    Crazy Patchwork 52
    Glubschaugen-Eule 15
    Herz 48
    Langohr-Hasen 21
    Matrioschka-Puppen 34
    Mustertuch-Kissen 65
    Nadelbuch 75
    Recycling-Nadelkissen 37
    Schneider-Uhr 72
    Totenkopf, bestickter 42
Bestickter Totenkopf 42
Birne, die perfekte 105

C
Crazy Patchwork 52

D
Dinosaurier 12
Donut-Nadelkissen 90
Doppelter Perlen-Schlingstich 112

E
Erbsenschote 108
Erdbeere, kleine 102
Eule 15

F
Federstich 113
Fingerring, fabelhafter 78
Flaschenverschluss
    Nadelkissen aus 37
Flauschige Teetasse 50
Fliegenpilz 95
Fliegenstich 114
Füllmaterial 115
Füllwatte 115

G
Glas, perlenverziertes 44
Glubschaugen-Eule 15

H
Hasen, Langohr- 21
Herz 48

I
Igel, Näh- 27

J
Jojo-Nadelkissen 62

K
Kaktus, stacheliger 32
Kapok 115
Karborundsand 115
Kettenstich 112
Knötchenstich 113
Knuffiges Alien 40
Kürbis, Patchwork- 92

L
Langohr-Hasen 21
Lebensmittel-Nadelkissen
    Birne 105
    Donut 90
    Erbsenschote 108
    Erdbeere 102
    Kürbis 92
    Tortenstück 98

M
Magnetpäckchen 86
Margeritenstich 113
Marienkäfer, kleiner 10
Matratzenstich 111
Matrioschka-Puppen 34
Maus, Moni 24
Moni Maus 24
Mustertuch-Kissen 65

N
Nadelbuch 75
Nadelkissen ausstopfen 115
Nadelkissen mit Taschen 81
Nadelkissen-Stapel 56
Näh-Igel 27
Nähmaschine, für Ihre 84
Nähstiche 110
Nahtzugaben einschneiden 116

O
Offener kretischer Stich 113

P
Pariser Stich 114
Patchwork, Crazy 52
Patchwork-Kürbis 92
Patchwork-Schildkröte 18
Perlen-Schlingstich 112
Perlenverziertes Glas 44
Perlstich 114
Pflanzen
    Birne 105
    Erbsenschote 108
    Erdbeere 102
    Fliegenpilz 95
    Kaktus 32
    Kürbis 92
    Weihnachtsbaum 54
Plattstich 114
Puppen, Matrioschka- 34

R
Recycling-Nadelkissen 37
Rückstich 111
Rückstich-Spinne 114

S
Sand, feiner 115
Saumstich 111
Schildkröte, Patchwork- 18
Schlingstich 111
    Doppelter Perlen- 112
    Perlen- 112
Schmetterling, Bargello- 59
Schneider-Uhr 72
Spannstich 111
Stacheliger Kaktus 32
Stielstich 114
Stoffschlauch 116

T
Techniken 110
Teetasse, flauschige 50
Tiere und andere Figuren
    Alien 40
    Dinosaurier 12
    Eule 15
    Hasen 21
    Igel 27
    Marienkäfer 10
    Matrioschka-Puppen 34
    Maus 24
    Schildkröte 18
    Schmetterling 59

Tortenstück 98
Totenkopf, bestickter 42

U
Überwendlicher Stich 111

V
Vorlagen 117
Vorlagen übertragen 110
Vorratsglas mit Nadelkissen 70
Vorstich 110
    durchzogener 110

W
Weihnachtsbaum 54
Wolle, ungesponnene 115

Z
Zackenstich 113
Zierstiche 112

Dank der Autorin

Mein Dank gilt zuallererst den Mitarbeitern bei CICO: Cindy, die meine Idee zu diesem Buch mit Enthusiasmus aufgenommen hat, Pete für seine Geduld und seine gute Laune trotz mancher Widrigkeiten sowie Sally für ihr kreatives Auge.

Ich danke Sarah für ihre Arbeit an der verlegerischen Front: Ich weiß das zu schätzen. Danke auch an Steve für die Grafiken, die informativ sind und zugleich gut aussehen, sowie an Mark für das exzellente Layout. Sophie danke ich für das entzückende Styling, Geoff, Claire und Emma für die gleichermaßen hinreißenden Fotos.

Und wie immer Dank an Philip für die Verpflegung.